Michael S. Cullen/Uwe Kieling

DAS BRANDENBURGER TOR
Ein deutsches Symbol

Michael S. Cullen/Uwe Kieling

Das
E I N
Brandenburger
D E U T S C H E S
Tor
S Y M B O L

Mit einem Vorwort
von Helmut Börsch-Supan

Berlin Edition

Inhalt

Zum Geleit

In Ermangelung eines großen alten Gebäudes, das in einem angemessenen Verhältnis zur heutigen Bedeutung Berlins Ehrfurcht zu erwecken und eine weit zurückreichende Geschichte zu veranschaulichen vermag, ist das über zweihundertjährige Brandenburger Tor zum Wahrzeichen der Stadt erkoren worden, also ein ursprünglich an seinem Rand gelegenes und dazu als eine Kopie – der Propyläen in Athen – errichtetes Bauwerk. Damit nicht genug, es soll zum vornehmsten Symbolbau Deutschlands geadelt werden.

Allerlei Handlungen, die mit ihm und in seiner Umgebung vorgenommen worden sind, haben es in eine Rolle gedrängt, die es nur in einer unvollkommenen Weise zu spielen vermag. Zwar taugt seine klare, übersichtliche Erscheinung vorzüglich zum Symbol, seine Eignung zum Signet hat es vielfach bewiesen, aber seine Geschichte und sein ursprünglicher Zweck geben ihm etwas Zwitterhaftes, das nur ungern bemerkt bzw. verdrängt wird. Sie lassen die schöne Eindeutigkeit vermissen, durch die die Form sich auszeichnet.

Seit dem Abbruch der Stadtmauer 1867 war beim Brandenburger Tor der längst eingetretene Verlust seiner ursprünglichen Funktion als Stadttor zur Vermeidung von Desertionen und zur Steuerkontrolle auch architektonisch offenkundig, denn es stand nun völlig frei da. Von Anfang an war es – im Unterschied zu den anderen 18 Stadttoren – auch ein Symbol gewesen, und deshalb fiel es der Abrißfreudigkeit der Berliner, der Komplementäreigenschaft ihrer Kopierlust, nicht zum Opfer. Sogar das SED-Regime verstand sich nicht zu seiner Beseitigung, obgleich es im Zweiten Weltkrieg bei den Bodenkämpfen schwer beschädigt und die Quadriga so zerschossen war, daß sie nur noch durch eine Kopie ersetzt werden konnte.

Vielleicht wäre ihm diese schonende Behandlung nicht zuteil geworden, wenn der ursprüngliche Sinn des Tores als eines Denkmals für die alte Ordnung und gegen die Französische Revolution nicht völlig in Vergessenheit geraten wäre, und zwar schon seit langer Zeit. Jedenfalls war das Tor nicht das, was Hans Mackowsky 1929 von ihm behauptet hatte, nämlich „Ersatz für das noch ausstehende Denkmal Friedrichs des Großen".

Es ist zu verführerisch, das berühmteste Bauwerk Preußens mit dessen berühmtester Persönlichkeit in eine leicht faßliche Beziehung zu bringen. Der Bauherr war aber Friedrich Wilhelm II., dessen Blässe als Staatsmann durch den Kontrast zu seinem Vorgänger und Onkel Friedrich dem Großen noch mehr ins Auge fiel. Dieser hatte von seinem Erben Schlimmes prophezeit, und als dieser 1786 die Regierung antrat, hatte er einen schweren Stand. Es war schier unmöglich, aus dem Schatten Friedrichs herauszutreten, der in seinem letzten Lebensjahrzehnt noch das Stadtbild Berlins mit dem einzigartigen Ensemble der Dome auf dem Gendarmenmarkt akzentuiert hatte, freilich in einem altertümlichen Spätbarock.

Im künstlerischen Bereich allerdings gelang Friedrich Wilhelm die Befreiung vom übermächtigen Vorgänger, indem er dem Klassizismus zum Durchbruch verhalf. Wenn der neue König unmittelbar nach dem Tod Friedrichs dessen Schlafzimmer im Schloß Sanssouci durch Friedrich Wilhelm von Erdmannsdorff in klassizistischen Formen umgestalten ließ, so hat man darin immer schon den nur psychologisch zu verstehenden Versuch gesehen, mit der Gestalt des vormaligen Bewohners fertig zu werden.

Das Brandenburger Tor ist ein weit überzeugenderer und auch viel energischerer Schritt auf dem neuen Weg zum Klassizismus. Indem sein Architekt, Carl Gotthard Langhans, die Propyläen von Athen nach den Stichwerken von Leroy und Stuart und Revett zum Muster wählte, forderte er von Berlin, der attischen Hauptstadt als Inbegriff antiker Kultur nachzueifern; Griechenland also statt Rom, das seinerzeit in Paris imitiert wurde.

Das Tor, dessen offizieller Name damals ‚Friedenstor' lautete, war indessen nicht nur eine Art kulturpolitischer Regierungserklärung. Noch vor der völligen Vollendung des Bildschmuckes wurde das Bauwerk am 6. August 1791 ohne jede Feierlichkeiten dem Verkehr übergeben. Der König hielt sich damals gerade in der sächsischen Hauptstadt auf und unterzeichnete drei Wochen später die Pillnitzer Deklaration, eine Drohung gegen die französischen Revolutionäre, die Rechte Ludwigs XVI. notfalls mit Waffengewalt durchzusetzen. Auch das Tor war eine gegen den revolutionären Zeitgeist gerichtete Deklaration, die sich jedoch friedlich gab im Vertrauen auf eine noch als unschlagbar geltende Armee. Der Bildschmuck machte deutlich, was gemeint war.

In den Nischen zwischen Tor und Wachtgebäuden auf der Stadtseite sah man den Kriegsgott, der sein Schwert in die Scheide steckt, und die Weisheitsgöttin *Athena*, also Blüte der Künste und Wissenschaften als Folge eines durch militärische Erfolge gewonnenen Friedens. In den Durchfahrten sind Reliefs mit Taten des *Herakles* angebracht, Motive, die seit jeher als Anspielungen auf die mühevolle und erfolgreiche Regierungstätigkeit des Monarchen benutzt wurden. Am meisten jedoch fällt die Quadriga mit der geflügelten Frauengestalt, der Siegesgöttin, ins Auge. Sie macht das Tor zum Triumphtor. Ursprünglich sollte hier allerdings eine Friedensgöttin stehen, und ein von Langhans vorgesehenes Relief für die Attika auf der Stadtseite sowie ein zweites nicht ausgeführtes auf der Feldseite hätten deutlich gemacht, welcher Sieg Friedrich Wilhelms II. hier gefeiert wird.

In seinem *Pro Memoria* schlug Langhans vor: „Die auf der Attique stehende Quadriga stellet den Triumph des Friedens vor, das darunter angebrachte Basrelief bedeutet den Schutz der gerechten Waffen, welchen sie der Unschuld leisten. – Auf der anderen Seite wäre zu setzen sein, wie durch diese Waffen, Sieben zerstreute Pfeile, wiederum in eins zusammengebunden werden." Das schließlich von Boy und Unger nach Entwurf von Schadow ausgeführte Relief weist der Friedensgöttin ihren Platz nun unter der Viktoria zu. Im Katalog der Akademieausstellung von 1793 wird das Werk beschrieben: „In der Mitte befindet sich die Göttin des Friedens auf einem Triumph-Wagen, welche von Genien an einer von Lorbeeren geflochtenen Guirlande gezogen wird. Vor dem Wagen gehen die Freundschaft, die Eintracht, die Staatsklugheit, die Siegesgöttin und die Tapferkeit, vor welcher die Zwietracht die Flucht nimmt. Dem Wagen folgen die Freude, die Göttin des Überflusses, die Baukunst, die Malerkunst, die Bildhauerkunst, die Göttin der höheren Wissenschaften, nebst der Musik und Dichtkunst." Die Tapferkeit wird durch *Herakles* veranschaulicht, und die Ungeheuer, die er mit seiner Keule erschlägt, sind keine Feinde, wie Friedrich der Große sie bekämpfte, sondern die Unholde der Revolution. Diese Aussage bezieht sich auf eine wenig ruhmreiche militärische Aktion Friedrich Wilhelms II. im Herbst 1787, die jedoch die einzige war, die er für sich als Erfolg verbuchen konnte.

In Holland hatte sich eine demokratische Partei gebildet, die dem Erbstatthalter Wilhelm IV., einem Schwager Friedrich Wilhelms, zu schaffen machte. Das in Auflösung begriffene Land drohte in die Hände Frankreichs oder Englands zu fallen. Im Gefolge der Unruhen war die Erbstatthalterin sogar von den Frankreich zugeneigten Demokraten für einige Stunden gefangen gehalten worden. Da rückten 24.000 preußische Soldaten ein, besetzten das Land und stellten die Ordnung wieder her. Das waren die Waffen, die der Unschuld zu Hilfe kamen. Die sieben Pfeile, die wieder zu einem Bündel zusammengeschnürt werden, sollten die sieben nun wieder vereinigten und somit gestärkten niederländischen Provinzen symbolisieren. Die Verbindung des Brandenburger Tores mit der Unterstützung des oranischen Erbstatthalters wird auch dadurch bestätigt, daß ein Modell des Bauwerkes bei der Versammlung vorgestellt wurde, die die Akademie der Künste am 16. August 1789 zu Ehren der Erbstatthalterin abhielt. Damals war durch die Pariser Ereignisse alles in Unruhe versetzt. Nach dem Ausbruch der Französischen Revolution ließ sich die Erinnerung an die Aktion von 1787 als Drohgebärde verwenden, aber der Erfolg war doch nicht spektakulär genug, um auf die Dauer Eindruck zu machen. Deshalb wurde die Aussage des Bildschmuckes allgemeiner formuliert.

Vielleicht hat Napoleon noch gewußt, was ursprünglich mit dem Brandenburger Tor gemeint war, als er 1806 nach der Niederlage Preußens die Quadriga herabnehmen und nach Paris transportieren ließ. Das würde diesem Akt noch ein zusätzliches Motiv gegeben haben. Er wollte Schadows Skulptur auf einen Triumphbogen in den Tuilerien stellen – in der Pose eines römischen Feldherren, der erbeutete Kunstwerke als Trophäen verwendet, denn man ahmte die Antike nicht nur in Bildwerken, sondern auch in Handlungen nach.

Es kam jedoch nicht mehr zu dieser Plazierung. Nach der Eroberung von Paris am 30. März 1814 wurde die Quadriga in einem Triumphzug nach Berlin zurückgeholt. Da Napoleon mit seiner Demütigung das Pendel weit nach der einen Seite gezogen hatte, mußte es nun ebenso kräftig nach der anderen ausschlagen. Die Schmach der Niederlage war getilgt, und fortan war der Name ‚Friedenstor' vergessen. Das Eiserne Kreuz, das Schinkel in das Feldzeichen der Siegesgöttin einfügte, verband den Bau nun mit dem Sieg in den Befreiungskriegen. Durch das Tor zogen die aus Frankreich heimkehrenden Truppen mit dem König an der Spitze am 7. August 1814 in die Stadt ein. Das Schauspiel wiederholte sich nach dem Krieg gegen Frankreich 1871. Als dann am 30. Januar 1933 die braunen Kolonnen in einem Fackelzug den gleichen Weg zur Reichskanzlei nahmen, wurde das zu einem Symbol für militärische Siege Preußens gewordene Tor für den Triumph einer politischen Partei mißbraucht. Zwischen den Ereignissen dieses Tages und der späteren Geschichte des Brandenburger Tores besteht ein ursächlicher Zusammenhang: schwere Beschädigung bei Kriegsende, Symbol für die Teilung Berlins und Deutschlands seit dem 13. August 1961 und schließlich nach der Öffnung am 22. Dezember 1989 für die Wiedervereinigung.

Heute wird gern an den alten Namen ‚Friedenstor' erinnert, und es wird eine Kontinuität der Friedfertigkeit trotz aller Kriegskatastrophen beschworen. Mit ‚Frieden' war jedoch in der Vergangenheit nicht immer das Gleiche gemeint. 1791 war es der erhoffte Frieden nach einem Sieg, eine Vorstellung, die im 19. Jahrhundert nach den Siegen Preußens verwirklicht schien. In DDR-Zeiten war das Wort ‚Frieden' gewöhnlich mit der Drohung seiner Verteidigung durch Waffengewalt verbunden. Friedenssicherung als weltweite Konfliktbewältigung ohne Krieg auf der Grundlage einer die ganze Menschheit einschließenden Gerechtigkeit ist als Aufgabe für die Gegenwart und die Zukunft etwas Neues. Dafür bietet sich das Brandenburger Tor im Ganzen jedoch kaum als brauchbares Symbol an. Was es am ehesten vermitteln kann, ist die Einsicht, daß die Einfachheit seiner architektonischen Aussage im Widerspruch zur Kompliziertheit, ja Verworrenheit einer nur wenig rühmlichen Geschichte steht. Diese komplexe Wirklichkeit ist etwas anderes als das, was die alltägliche benebelnde Werbung, auch die politische, vorspiegelt. Würde man die Statue der Weisheitsgöttin *Athena* an der nördlichen Außenmauer, das Gegenstück zum Kriegsgott *Ares*, der sein Schwert in die Scheide steckt, als Verpflichtung begreifen, dem Namen ‚Spreeathen' durch eine entsprechende Bildungspolitik eine neue Berechtigung zu geben, wäre für das Brandenburger Tor ein glaubwürdiger Symbolwert zurückgewonnen.

Grundlage für die notwendige Entmythisierung des Bauwerks ist eine nichts verschweigende Datensammlung zu seiner Geschichte. Sie wird mit diesem Buch gegeben.

Helmut Börsch-Supan

Einführung

„Wenn es unter den öffentlichen Denkmalen Berlin's mehrere giebt, welche, durch ihren Charakter und ihre Ausführung, es darthun, dass sie würdig sind, eine Königstadt zu verschönern, so kann nichts geeigneter seyn, um auf den Anblick derselben, so wie auf den Eintritt in die Residenz Preussens vorzubereiten, als das Brandenburger Thor." (Samuel H. Spiker, 1832)

„Ehe wir diese Straße hinabspazieren, wollen wir einen Blick auf den ersten der zwei Plätze tun, der an Paris etwa so erinnert, wie ein Holzpferd an ein lebendiges Pferd. Das Brandenburger Tor, eine schlechte Nachahmung der griechischen Architektur, auf das eine Quadriga aufgesetzt ist, und das von einem Gitter umgebene Wachgebäude schmücken den Hintergrund."
(Victor Tissot, 1875)

Einem preußischen Hofbibliothekar und einem Pariser Journalisten sei es unbenommen, über das Wahrzeichen der Residenzstadt Berlin unterschiedlicher Meinung zu sein. Wie kein anderes Bauwerk der Stadt war es Symbol für geistige Haltung, stand im Brennpunkt gesellschaftlicher Prozesse und wurde zum Objekt politischen Mißbrauchs und ideologischer Einvernahme. Wie bei keinem anderen Denkmal Berlins aber übten sich Forschung und Publizistik in unbegreiflicher Zurückhaltung; Legenden und Histörchen bestimmten lange das Bild.

Kaum eine Publikation über Berlin oder Deutschland, in der das Brandenburger Tor nicht als Abbildung vorkommt – seien es nun ausländische Berichte über die Situation nach dem 9. November 1989 oder Volkshochschul-Vorlesungsverzeichnisse in München. Es gibt kein bekannteres Bauwerk in Deutschland. Kaum ein Bau ist häufiger auf Briefmarken und Medaillen oder als Briefkopf, keiner häufiger als Symbol anzutreffen. Es ist daher erstaunlich, daß es auch nach den Turbulenzen von 1989 und dem 200. Geburtstag nur wenig spezielle Literatur über die Geschichte des deutschesten aller Wahrzeichen gibt.

Mit Ausnahme des zur Jubiläumsausstellung 1991 erschienenen *Begleitbuch zur Ausstellung*[1] mit teilweise fachlich sehr spezifischen und anspruchsvollen Einzelbeiträgen, aber ohne eine tiefergehende Baugeschichte des Tores, gibt es nur wenige historisch zusammenhängende Darstellungen. Eine große Zahl verläßlicher Informationen zur Baugeschichte datiert noch immer von vor fast achtzig Jahren, und die Akten, auf die damals Oberstleutnant z.D. Emil von Siefart seine Recherchen gründete[2], sind teilweise nicht mehr vorhanden. Wie viele Teile des Brandenburger Tores selbst, wurden sie Opfer des letzten Krieges. Die letzte tiefgreifende Monographie zu Leben und Werk von Langhans d.Ä. ist noch älter, Walther Hinrichs schrieb sie 1908[3]. Nur Schadow stand kontinuierlich auf den Forschungsplänen, nicht aber seine Quadriga. Die große Schadow-Ausstellung von 1994/95 – Düsseldorf, Nürnberg, Berlin – zeigte unter 178 Exponaten ein Blatt zum Brandenburger Tor, und das war ausgerechnet Schinkels Zeichnung von 1814 mit dem Eisernen Kreuz... Vor allem die Entführung der Quadriga Ende 1806 und das ‚Exil‘ in Paris bleiben – trotz neuer Funde in französischen Archiven – klärungsbedürftig. Daher muß vieles, was wir aus der Vorkriegszeit über das Brandenburger Tor wissen wollen, weiterhin mit einem Fragezeichen versehen werden.

Nicht anders sieht die Forschungslage für die Zeit nach 1945 aus. Die Akten der Wiederherstellung des Tores von 1956–58 sind nach wie vor nicht auffindbar, sie verschwanden offenbar mit der dafür zuständigen ‚Aufbauleitung Stalinallee‘. Und die Unterlagen aus den Jahren 1961–89 sind in den Archiven der unterschiedlichsten damaligen Verantwortungsträger – Magistratsdienststellen vom Bezirksbauamt bis zur Abt. Kultur, Institut für Denkmalpflege, Rat des Stadtbezirks Mitte, Dienststellen des Ministeriums für Nationale Verteidigung, der Nationalen Volksarmee und des Ministeriums für Staatssicherheit, Bezirksleitung Berlin der SED u.a. – untergegangen, weit verstreut, nicht zugänglich oder gar verschwunden. Zumindest zu baulichen Details und Materialfragen konnten die 1990/91 erfolgten restauratorischen Untersuchungen neue Erkenntnisse beisteuern.

Das Brandenburger Tor ist als einziges von einst 18 Stadttoren Berlins erhalten. Es gilt als das erste bedeutende Werk des Berliner Klassizismus. Sowohl von seiner bevorzugten städtebaulichen Stellung am Pariser Platz als auch in seiner Symbolik hob es sich von allen anderen Toranlagen ab.

Als ‚Tor des Friedens‘ konzipiert, markierte der reiche bildkünstlerische Schmuck in Anlehnung an Themen der griechischen Mythologie das Ende der auch durch fast pausenlos aufeinander folgende Kriege gekennzeichneten friderizianischen Epoche, die Hinwendung vom römischen zum griechischen Vorbild – architektonisch die Propyläen, im Bildschmuck das Parthenon der Akropolis von Athen und die griechische Mythologie – manifestiert bürgerliches Gedankengut. So ist die Friedensgöttin *Eirene* im Attikarelief *Zug des Friedens* als Friedensbringerin dargestellt; *Ares* – wie die *Athena* in den Seitenhallen aufgestellt – versenkt nach dem Sieg des Friedens sein Schwert in der Scheide, und *Athena* wacht über das Gedeihen der Stadt.

1. ‚Tor des Friedens‘ – Idee und Bau

Die barocken Stadterweiterungen

Der Pariser Platz mit dem Brandenburger Tor ist undenkbar ohne die ‚Linden‘. Deren Geburtsstunde schlug bereits 1573, als Kurfürst Johann Georg die ‚Hundebrücke‘, die spätere Schloßbrücke, bauen ließ. Sie sicherte den herrschaftlichen Jägern direkt vom Schloß aus den Zugang zum kurfürstlichen Tiergarten, zur Spandauer Heide und zum Jagdgebiet beim Dorf Lietzow, dem späteren Charlottenburg. Den durch Felder und Ödland führenden Reitweg ließ Kurfürst Friedrich Wilhelm im Frühjahr 1647 mit Linden und Nußbäumen als Allee bepflanzen. Damit folgte er Anregungen aus seiner ‚zweiten Heimat‘ Holland, wo er erzogen worden war und seine erste Frau gefunden hatte.

Die kleine unbefestigte Doppelstadt Berlin-Cölln befand sich zu dieser Zeit, nach den jahrzehntelangen Kontributionen und Plünderungen während des Dreißigjährigen Krieges, in einem desolaten Zustand; die Einwohnerzahl war bei Kriegsende von ca. 12.000 auf 6.197 gesunken. Noch vor dem Frieden von 1648 war auf Anordnung des Kurfürsten Friedrich Wilhelm – später der ‚Große Kurfürst‘ genannt – mit dem Wiederaufbau der Residenz begonnen worden. Wenig später – ein Krieg zeugt Kinder seiner Art – beschloß der Landesherr die Befestigung der Stadt. Zum ‚Direktor der Festungswerke‘ bestimmte er den in Holland ausgebildeten Linzer Ingenieur Johann Gregor Memhardt (1607–1678), der den Festungsbau von 1658 bis zu seinem Tode mit Unterstützung zahlreicher holländischer oder zumindest dort geschulter Baumeister und Ingenieure leitete; beendet wurde er erst 1683. Die Anlage folgte dem damals modernsten, dem holländischen System und hatte beachtliche Ausmaße.

Auch die Zahl seiner während des Krieges dezimierten Untertanen wollte der Große Kurfürst wieder erhöht sehen. Aus diesem Grund erließ er 1685 das *Edikt von Potsdam*, das seinen Glaubensgenossen aus Frankreich und Holland Zuflucht gewährte. Von dem damit verbundenen enormen Bevölkerungszuwachs war Berlin ebenso betroffen wie die übrigen Städte Brandenburgs. Noch heute sieht und hört man in und um Berlin viele französische Wörter – Familiennamen wie ‚Devaranne‘, Ortsnamen wie ‚Französisch Buchholz‘ oder Begriffe wie ‚Bulette‘ haben überdauert.

Auf einem ihrer außerhalb der Festung gelegenen Güter, damals ‚Vorwerke' genannt, ließ die kurfürstliche Gemahlin Dorothea v. Holstein-Glücksburg (1636–1689) ab 1674 durch den Architekten und Ingenieur Joachim Ernst v. Blesendorf (1640–1677), Generalquartiermeister und im Jahr zuvor zum ‚Direktor aller Festungs- und Zivilbauten' ernannt, die nach ihr benannte Dorotheenstadt anlegen, die 1674 – zumindest formal – die Rechte einer selbständigen Kommune und damit ein eigenes Siegel erhielt, das den brandenburgischen Adler mit dem Kurhut mit einem goldenen Zepter auf der Brust zeigte und mit der Umschrift versehen war: „Sigillum Civitatis Electoralis Brandenburgensis Dorothea".[4] Magistrale dieser vierten Residenzstadt war der nun zur Allee gewandelte kurfürstliche Reitweg. Für die Gesamtstadt blieb diese Achse mangels Anbindung an die Fernstraßen vorerst bedeutungslos.

Im Todesjahr des Großen Kurfürsten 1688 wurde mit dem sich südlich an die Dorotheenstadt anschließenden Bau der Friedrichstadt begonnen. Auch diese Gemeinde, wenngleich sie anfangs vom Magistrat des Friedrichswerders verwaltet wurde, bekam von vornherein eigenes Bürgerrecht, eigene Gewerbeverfassung und Gerichtsverwaltung und ein eigenes Wappen verliehen: den zur Hälfte schwarzen, zur anderen Hälfte roten Adler im silbernen Schild.[5]

Berlin stand wie das ganze Land im Zeichen des Wachstums. 1701 ließ sich Kurfürst Friedrich III. von Brandenburg in Königsberg als Friedrich I. zum ‚König in Preußen' krönen. Acht Jahre später beschloß er, die fünf Städte seiner Residenz – Berlin, Cölln, Friedrichswerder, die Dorotheen- und die Friedrichstadt – zu einer zusammenzufassen. Das Jahr 1709 kann somit als das – oder zumindest ein – Geburtsjahr der Residenzstadt Berlin begriffen werden.

Vom Januar 1723 datieren erste schriftliche Dokumente; 1731 schließlich konkretisierte sich die Erweiterungsplanung der südlichen Friedrichstadt und die Verschiebung der westlichen Stadtgrenze bis an die heutige Ebertstraße. Die von Friedrich Wilhelm I. (1688–1740) forcierte wirtschaftliche Expansion des noch unbedeutenden Preußen sowie die Stadterweiterung machten die alte Befestigung überflüssig. Das stehende Heer mit rund 50.000 Soldaten war jederzeit in der Lage, die Grenzen des preußischen Staates zu verteidigen.

Notwendig wurde nun vielmehr der Bau einer neuen Mauer: Zu viele Soldaten waren außerhalb der Festung in den Neustädten einquartiert und mußten am Desertieren gehindert werden. Allein zwischen 1713 und 1740 flüchteten etwa 30.000 Mann, was fast der ‚Friedensstärke' der Armee unter Friedrich I. entsprach. Nicht umsonst erließ Friedrich der Große 1749 die ‚Kriegsartikel', nachdem er in den ersten zehn Regierungsjahren fünf Generalpardons für Deserteure hatte gewähren müssen: „Artic. 17 ... Derjenige aber, der im Lager, in der Vestung, Quartieren und Garnison, in kleinen oder großen Städten, eine viertel Stunde ab- oder seitwerts, absonderlich auf dem Marsch, dergestalt, daß er mit dem Gesicht sich zurück kehrte, betroffen würde, und dazu keinen Urlaub noch andere redliche Ursache anzeigen kan, soll als ein Deserteur am Leib oder Leben gestrafet werden."[6]

Hinzu kam das Bestreben des Königs, auch seinen Anspruch auf die Getränke-, Mehl- und Schlachtfleisch-Steuer zu sichern. In den Jahren 1734–36 wurde deshalb eine Akzisemauer (Zollmauer) errichtet, die im Norden der Stadt überwiegend aus Holzpalisaden, im Süden und Osten meist aus Mauerwerk bestand. – Eine offensichtlich unpopuläre Maßnahme, bedurfte sie doch der Rechtfertigung. Doch auch vor 200 Jahren schon konnten unbeliebte Grenzsicherungen auf ihre Apologeten rechnen: „Vernünftige Reisende", versichert der Verleger und Schriftsteller Friedrich Nicolai, „werden sich selbst bescheiden, daß die Anstalten, die zu Entdeckung der kontrebanden oder verschwiegenen accisbaren Waaren gemacht worden, an sich sehr nothwendig sind, und daß auch ein Reisender sich den Gesetzen des Landes, wo er sich befindet, unterwerfen müsse. [...] Manchen Reisenden giebt die bloße Erblickung eines Accisbedienten eine üble Laune, sie nennen ungebührliche Begegnung, wenn ihnen doch auf alle Weise gebührlich begegnet wird. Zuweilen auch, wenn sie wirklich über einige Unfreundlichkeiten zu klagen Ursach hätten, möchten sie nur wohl untersuchen, ob sie nicht durch die trotzige und unfreundliche Art, mit der sie die Accisbedienten, wenn sie ihr Amt verrichten wollen, angefahren haben, sich selbst etwa diese kleinen Ungelegenheiten zugezogen haben."[7]

Die Mauerlänge betrug alles in allem rund 16 km und war zunächst durch sechs, später durch 15, und schließlich durch 18 Tore zu passieren. Obwohl heute mit Ausnahme des Brandenburger Tores alle Stadttore verschwunden sind, finden sich noch viele Namen auf dem Stadtplan: Hallesches-, Rosenthaler-, Kottbusser- oder Oranienburger Tor. Zwischen den Toren verlief parallel zur Mauer und diesseits der Stadt eine schmale Straße, die ‚Communication'. Ein Teil dieser Straße wurde um 1867 zur Königgrätzer Straße, der heutigen Stresemannstraße. Der stadtseitige Platz am Halleschen Tor hieß ‚Rondel', der am Potsdamer Tor ‚Oktogon' (Achteck), am Brandenburger Tor lag das ‚Quarée'. Aus dem ‚Rondel' – seit 1814 ‚Belle-Alliance-Platz' – wurde der ‚Mehringplatz', aus dem ‚Achteck' der ‚Leipziger Platz', feldseitig lag die später ‚Potsdamer Platz' genannte Straßengabelung.

Mit dem Bau der Zollmauer ging das Schleifen der alten Befestigung einher. Denn in der Stadtgestaltung hatten inzwischen neue Konzepte Geltung erlangt, die eine derart absolute städtebauliche Ausrichtung auf das Schloß, wie sie noch zur Zeit Friedrichs I. angestrebt worden war, ausschlossen. Vielmehr bildeten sich an den am Rande der erweiterten Friedrich- und Dorotheenstadt gelegenen Kreuzungen der Straßenachsen nun diese drei Plätze als eigene neue Zentren heraus.[8]

Architektonisch und im Hinblick auf die Bauhöhe boten beide Erweiterungsstädte eine ihrer Zweckbestimmung – Handwerker- und Bürgerwohnort mit Soldateneinquartierung – gemäße Eintönigkeit. Nicht zuletzt diese gestalterische Langeweile veranlaßte Friedrich den Großen am Ende seines Lebens zum Bau der Kuppeltürme auf dem Gendarmenmarkt, dem geplanten öffentlichen Zentrum der Friedrichstadt. Dieser war ohnehin ein derart ‚anrüchiges' Pflaster, daß sich der König am 27. März 1735 zu einer Kabinetsordre *An das Regiment Gens d'Arms* bzw. an dessen Kommandierenden Generalfeldmarschall von Nazmer veranlaßt sah: „... Ich befehle hierdurch, daß Ihr in den Quartiren, wo das Regiment Gens d'Armes lieget, die Bürger und Besitzer derer Häuser dazu anhalten lassen sollt, daß solche vor ihren Häusern die Gaßen fegen, und den Dreck auf einen Haufen bringen lassen, auf daß solcher durch die Karren weiter heraus gefahren werden. ... Ihr sollt auch in denen Quartiren Eures Regiments acht haben lassen, daß kein Pferde Mist, Koth, Unflätereyen noch andere Unreinigkeiten auf die Straßen hinaus geworfen, sondern alles Dergleichen vor das Thor hinaus geschaffet werde."[9]

Allein die Anlage der Torplätze als Einheit von stadt- und feldseitigen Plätzen, Aushängeschilder der nach Ansehen strebenden Residenz, setzte deutliche Akzente. Rondel, Oktogon und Quarée genossen auch später besondere Aufmerksamkeit in der Stadtplanung. Mit großer Sorgfalt ging man an ihre architektonische und bildkünstlerische Ausgestaltung; solchermaßen widerstanden sie den eklektizistischen Wucherungen der Kaiserzeit und den planerischen Kahlschlägen unseres Jahrhunderts. Erst die Bomben des Zweiten Weltkriegs und die traditionsfeindliche Nachkriegszeit bedrohten ihre Existenz oder vernichteten schließlich diese Stadträume. Das ‚Rondel' etwa fiel jener die gewachsene Stadtstruktur zugunsten einer kurzlebigen Stadtplanungs-‚Moderne' mißachtenden absurden Neugestaltung des Mehringplatzes in den Jahren 1968–75 durch Hans Scharoun und Werner Düttmann zum Opfer.

Die zur Verfügung stehenden Mittel, Grundlage des frappierend hohen Bautempos in den Stadterweiterungen, zeugen von der absoluten Macht des Königs. Die Masse der Bürgerhäuser wurde als Immediatbauten von der Krone finanziert und waren als schlichte Typenbauten relativ billig. Die Entwürfe lieferte die Kgl. Baukommission, die unter der militärischen Leitung von Christian Reinhold v. Derschau (1679–1742) stand und von Philipp Gerlach (1679–1748) fachlich geführt wurde. So wuchs die Friedrichstadt von 719 Häusern im Jahre 1725 auf 1.682 im Jahre 1737.

Die Palais an den künftigen Prachtstraßen und -plätzen entstanden auf andere Art und Weise. Zwar gewährte die Krone billig oder gar kostenlos das Bauland und stellte Material zu Vorzugspreisen zur Verfügung, die Größe des Baus und seine Ausstattung waren aber allein vom Standort und durch die Vorgaben Derschaus, nicht aber vom Bedarf oder Vermögen des Bauherren bestimmt. Doch auch hier wurde ein bestimmter Bautypus bevorzugt: zweigeschossige symmetrische Fassade mit flachem Mittelrisalit und bescheidener Freitreppe, teilweise flankiert von Torhäuschen, sowie hohem Walmdach. Für manche angesehene Adelsfamilie bedeutete die Errichtung ihres Domizils in der Leipziger oder der Wilhelmstraße den finanziellen Ruin, denn wer zu bauen hatte, bestimmte der König.

Verfehlte Baupolitik scheint systemunabhängig zu sein und am Bedarf vorbei zu planen nicht nur ein Problem der Gegenwart. Die *Ortgieß'sche Correspondenz* vom 15. Januar 1735 schrieb: „Es ist hiebey wegen der neuen Häuser auf der FriedrichStadt zu gedencken, daß dieselben hohentheils ledig stehen, viele von ihnen den Eigenthümern geben Leute die freye Wohnung, andere müßen noch Geld zu geben, damit sie jemand bewohnet, weilen die Diebe solche besuchen, ... Der König hat dieserhalben ... befohlen in allen fremden Lande Kund zu machen, daß ... die hier sich zu etablieren gesonnene Handwerker auch 2 Jahre

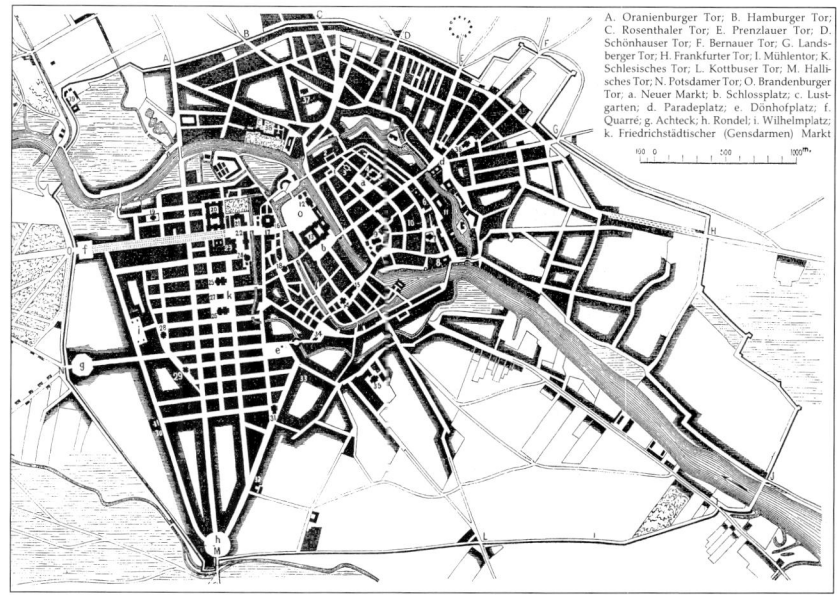

A. Oranienburger Tor; B. Hamburger Tor; C. Rosenthaler Tor; E. Prenzlauer Tor; D. Schönhauser Tor; F. Bernauer Tor; G. Landsberger Tor; H. Frankfurter Tor; I. Mühlentor; K. Schlesisches Tor; L. Kottbuser Tor; M. Hallisches Tor; N. Potsdamer Tor; O. Brandenburger Tor; a. Neuer Markt; b. Schlossplatz; c. Lustgarten; d. Paradeplatz; e. Dönhofplatz; f. Quaré; g. Achteck; h. Rondel; i. Wilhelmplatz; k. Friedrichstädtischer (Gensdarmen) Markt

freye Wohnung genießen sollen."[10] Und wie zu allen Zeiten absoluter Herrschaft ging der Verfasser und Zeitungsbesitzer F. H. Ortgieß nach einem die Woche darauf folgenden noch kritischeren Artikel in Haft und mußte noch im Juli des gleichen Jahres das Land verlassen...

Abb. 1: Berlin und seine Tore im Jahr 1789

Das Quarée und sein Tor

Wie das Gebiet der Dorotheen- und Friedrichstadt war von Beginn an auch die Bebauung des Pariser Platzes einem strengen Reglement unterworfen, dessen Einhaltung durch eine von Friedrich Wilhelm I. eingesetzte Baukommission, die mit weitgehenden Vollmachten ausgestattet war, überwacht wurde. Es betraf nicht nur die Mindestbauhöhe, die seit den Tagen Friedrichs des Großen auf 18 m festgelegt war, sondern auch das königliche, später kaiserliche Fassadenrecht, das bis 1918 Gültigkeit hatte und dem Monarchen in Fragen baulicher Gestaltung nichts geringeres als das letztinstanzliche Vetorecht einräumte. Eine Verfügung des Polizeipräsidenten von 1903 legte für den Pariser Platz eine Traufhöhe von 16,5 m für die Häuser beiderseits des Brandenburger Tores fest, sowie 20,0 m für die nördliche und südliche Platzfront.[11]

Noch vor dem Bau der Akzisemauer und dem offiziellen Beginn der Dorotheenstadt-Erweiterung hatte Johann Friedrich Grael (1707–1740) in den Jahren 1734–36 die beiden die ‚Linden' abschließenden Eckhäuser des künftigen Quarées errichtet: Nördlich das Palais des Diplomaten Friedrich von Reichenbach (1697–1750), das 1778 von den Erben an die Familie von Borcke/von Saldern verkauft wurde, südlich, Unter den Linden 77, das Palais Friedrich Paul Graf von Kameke (1711–1769), das durch Schinkels Umbau 1828–30 als Palais von Redern bekannt wurde. Auf dem Grundstück Unter den Linden 75/Ecke Wilhelmstraße folgte schließlich 1740 das Palais Broich. Mit der Vergabe der übrigen Grundstücke im Jahre 1735 wurde das Quarée zum Bauplatz. Hier sollte ein prächtiger Platz entstehen – jener Pariser Platz, wie er seit 1814 genannt wurde.

Neben den oben erwähnten Palais am Ausgang des Platzes zu den Linden entstanden sieben weitere um den Platz. Auf der Südseite des Tores wurde zwischen 1737 und 1738 das Palais des Grafen Friedrich Ludwig von Wartensleben errichtet. Im Juli 1764 erfolgte die Besitzteilung der seit 1750 dem Freiherrn Carl Ludolph von Danckelmann – Etats- und Kriegsminister – gehörenden Grundstücke. Die Nr. 1 blieb in seinem Besitz und kam dann über die gräflichen Nachfahren 1787 an den Maler Cunningham, der das Anwesen 1791 an den Artillerieleutnant Johann Friedrich Gottlob von Stankar verkaufte; bis 1847 blieb es im Besitz von dessen Erben. Das Grundstück Nr. 2 wechselte sechsmal den Besitzer, bis es 1816 als Dank des Landesherren dem Generalfeldmarschall Gebhard Leberecht von Blücher (1742–1819) für seine Verdienste in den Befreiungskriegen geschenkt wurde. Daran schloß sich das Palais des Hofmarschalls Johann Georg von Geuder (gest. 1747) an; 1735 erbaut, wurde dieses durch seinen späteren Besitzer – den Kriegsminister General Friedrich Wilhelm von Rohdich (1719–1796) – testamentarisch dem Königlichen Grenadier-Garde-Bataillon zu Potsdam zum Unterhalt der Soldatenkinder vermacht. Hier nahm 1789 der erste Botschafter der USA in Preußen Wohnung und Dienstsitz; bis zum Bezug des benachbarten Palais Blücher im Jahr 1931 als Botschaft waren die USA ohne festen diplomatischen Sitz. Obwohl ihm als Jude kein Grundbesitz gestattet war, durfte der Schutzjude Meyer-Ries (1688–1752) in den Jahren 1734–37 mit besonderem königlichen Privileg sein Domizil auf dem Grundstück Nr. 4 errichten. Welcher Art die Verdienste waren, die dieser – vom ,Soldatenkönig' gewährten – Bevorzugung zugrunde lagen, läßt die „in Anbetracht seiner, insonderheit bey anschaffung der recruten geleisteten nützlichen Dienste" ausgestellte Ansiedlungsgenehmigung vom 8. August 1724 leicht erahnen.[12]

Auf der Nordseite folgten auf den Graelschen Eckbau 1735 die Palais des Artillerie-Offiziers Bernhard von Bauvrye (1690–1750) auf dem Grundstück Nr. 5, das nach mehrfachem Besitzerwechsel 1860 in französischen Staatsbesitz überging, sowie des Stadtpräsidenten und Vizepräsidenten der Kurmärkischen Kriegs- und Domänenkammer Heinrich Adam von Neuendorf (1690–1752) auf dem Areal Nr. 5a/6/6a/7, das sich bis zum nördlichen Torhaus erstreckte. Das Neuendorfsche Besitztum ging am 3. Januar 1765 in den Besitz der Fabrikantenfamilie Sieburg über, die es 1827 an die Branntweinbrenner Gebr. Moewes verkauften. Diese waren zeitweise auch im Besitz der Nr. 5 und

gehörten wie der Zimmermeister Carl August Heinrich Sommer (1801–1873) zu den erfolgreichen ‚Grundstücksverwertern' um den Pariser Platz. Nach der Erwerbung durch Sommer 1842 erfuhr das Anwesen mehrfache Teilungen, bis es 1895 die endgültige Konfiguration mit den Nummern 5a, 6, 6a und 7 am Platz und mehreren Grundstücken entlang der 1844 bis zur heutigen Ebertstraße verlängerten Dorotheenstraße erhielt.

Die Namen einiger späterer Besitzer oder Bewohner – Marschall Blücher (Nr. 2), der Jurist Friedrich Karl von Savigny, Generalfeldmarschall Friedrich Heinrich Ernst von Wrangel (Nr. 3), Michael Gabriel Fredersdorf, Kammerdiener und Vertrauter Friedrichs des Großen (Nr.4), der Schauspieler und Dramatiker August Wilhelm Iffland, die Schriftstellerin Bettina von Arnim, der Komponist Giacomo Meyerbeer, der Architekt Ernst von Ihne (Nr. 6a), der Maler Max Liebermann (Nr. 7) –, vor allem aber auch die hier angesiedelten Botschaften zeigen, daß der Pariser Platz eine ‚erste Adresse' war. Liebermann antwortete auf die Frage, wo er wohne: „Wenn man nach Berlin reinkommt, gleich links."

Die durch die jeweils symmetrischen Bauten beiderseits des Tores, die Einmündung der ‚Linden' sowie die Regelmäßigkeit der Fronten bestimmte barocke Platzgestalt hatte fast ein Jahrhundert Bestand. Städtebauliche Korrekturen im Umfeld, wie die Anlage der Kleinen Wilhelmstraße nördlich der Linden durch den Schinkelschen Passagebau (1820–22) und ihr endgültiger Durchbruch 1867 oder die Verlängerung der Dorotheenstraße 1844, hatten auf den Platz keinen direkten Einfluß. Mit dem Umbau des ‚Palais Redern' in klassizistischer Manier setzte ein erster Gestaltwandel ein, der bis zum Umbau des ‚Palais Arnim-Boitzenburg' im Jahre 1858 andauerte und nach der Grundstücksteilungen auf der Nordseite die Palais-Solitäre in geschlossenen Platz-

Abb. 2: Blick vom letzten Haus Unter den Linden auf das Tor: links das Wachhaus, rechts das Accisehaus, dahinter die Bäume des Tiergartens. Radierung, 1764

fronten vereinte. Nach dem Fall der Akzisemauer etablierte sich zwischen 1869 – Baubeginn des neuen ‚Palais Blücher' (Nr. 2) – und dem Bau des Hotels Adlon 1905–07 auch hier der Historismus, wenn auch in gemäßigten Formen. Dominant blieben aber bis zur Zerstörung die den Platz markierenden Eckbauten.

Bescheidener als die den Platz rahmenden Palais zeigte sich das erste, zwischen 1734 und 1738 gebaute ‚Brandenburger Tor', anfangs ‚Tiergartentor' genannt. Es bestand nur aus zwei wuchtigen, pilastergegliederten Pfeilern mit zierlicher Vasenbekrönung und seitlichen Fußgängerdurchlässen. Zoll- und Wachthaus waren kleine einfache Zweckbauten. Diese Anlage entsprach in ihrer Schlichtheit der sozialökonomischen Lage des Landes und der Uniformität des ‚Soldatenkönigs'. Das Tor selbst war so unscheinbar, daß es kaum mit einer Erwähnung bedacht worden ist.

Aus der Zeit Friedrichs des Großen (1712–1786), dieses bedeutendsten preußischen Königs, liegen uns über das Brandenburger Tor keine nennenswerten Nachrichten vor. Zwar hat es im Jahr 1776 bei Peter Heinrich Millenet Erwähnung gefunden, doch auch diesem Beobachter ist allenfalls seine Unscheinbarkeit eine Bemerkung wert gewesen: "... besonders verdiente wohl das Brandenburger Thor, in Ansehung seiner vortrefflichen Lage, mehr Ansehen zu erhalten."[13]

Diese Situation sollte sich alsbald unter Friedrichs Nachfolger Friedrich Wilhelm II. (1744–1797) ändern, der, von der Wassersucht befallen, als der ‚Dicke Wilhelm' in die preußische Geschichte eingegangen ist. Sein Vorgänger war kaum unter der Erde und noch nicht einmal offiziell bestattet – die Leiche Friedrichs des Großen war bereits am 18. August heimlich beigesetzt worden, der Sarg im offiziellen Trauerzug am 9. September war leer –, da ließ der neue König am 28. August bereits eine Reform der Zollverwaltung vornehmen. Sie machte auch den Neubau der Stadttore erforderlich. Da eine solche Reform keine Kleinigkeit ist, muß sie sich schon zu Zeiten Friedrichs des Großen in der Planung befunden haben. Man muß daher nicht in der Kunst-, sondern in der Finanzgeschichte Berlins die Gründe für den Neubau des Brandenburger Tores suchen.

1789 ließ der Minister Friedrich Wilhelms II., Johann Christoph von Woellner (1732–1800), einen Plan „zur Verschoenerung der Residenzstaedte Berlin und Potsdam durch Errichtung vortrefflicher Gebäude" ausarbeiten und von der Akademie der Künste am 16. August vorstellen. Den Neubau des Brandenburger Tores hatte Woellner bereits am 11. April 1788 als „auf Allerhöchstem Befehl" beruhend angekündigt. Zu dieser Zeit waren aber schon die wichtigsten Schritte für den Bau getan. Zu erwähnen ist dabei die angebliche Einflußnahme des Königs auf die Gestalt des Tores, die, sollte sie zutreffen, allerdings maßgeblich gewesen wäre: Einem Akademieprotokoll zufolge soll es der Monarch höchstselbst gewesen sein, der „die erste Idee" hatte, die athenischen Propyläen zu dessen Vorbild zu nehmen.[14]

Carl Gotthard Langhans

Im Jahre 1788, am Beginn der Phase gesellschaftlicher Umbrüche in Europa – die Französische Revolution stand bevor und der preußische Absolutismus war nach dem Tode Friedrichs des Großen im Niedergang begriffen – kam der vom König zum Baumeister des Brandenburger Tores bestimmte Carl Gotthard Langhans (1732–1808) als Direktor des neugegründeten Ober-Hof-Bauamtes aus Schlesien nach Berlin.

Langhans ist offenbar einer der ersten seines Fachs gewesen, der die Möglichkeit erkannte, der damals vorherrschenden Barockarchitektur den Rücken zu kehren und sich an antiken griechischen Idealen zu orientieren. Erstaunlich ist, daß seine Vorstellung eines griechischen Portals mit einem römischen Viergespann – von den gleichzeitigen barocken Torbauten völlig abweichend – die Zustimmung der Akademie der bildenden Künste und die des Königs fand – alles andere als leichtfertige Instanzen, was Kunst und Kultur in der Hauptstadt anbelangte.

Der am 15. Dezember 1732 im schlesischen Landeshut geborene Lehrersohn konnte bereits auf ein umfangreiches, vor allem in Schlesien geschaffenes Werk zurückblicken. Wie der vier Jahre jüngere Erdmannsdorff, der ebenfalls, wenn auch nur für kurze Zeit, in Berlin tätig war, gehörte Langhans zu den letzten großen Architekten-Autodidakten des 18. Jahrhunderts. In den Jahren 1753–57 hatte er Jura, anschließend Mathematik und Sprachen studiert und war anschließend als Hauslehrer in der gräflichen Familie Matuschka in Breslau tätig. In dieser Zeit muß sich Langhans intensiv auf seinen späteren Beruf vorbereitet haben. Vermutlich durch einen Bruder des Grafen Matuschka, Domherr in Breslau, erhielt er 1764 den Auftrag zum Neubau der protestantischen Kirche ‚Zum Schifflein Christi‘ in Groß-Glogau. Zwar hatte Langhans die Ausführung des Baus nicht mehr übernehmen können – erst 1822 ist die Kirche nach vielfachen Änderungen fertiggestellt worden –, wohl in Anerkennung dieses Entwurfes war er jedoch als Bauinspektor in den Dienst des Fürsten Franz Philipp Adrian von Hatzfeld genommen worden, den er 1762 beim Anbau an dessen Schloß Trachenberg, seinem ersten nachweislichen Werk, kennengelernt hatte.

Der Bau des fürstlichen Familienpalais in Breslau (1766–73) begründete schließlich seinen Ruf als Architekt, dank dessen er mit Billigung seines Dienstherren bald mit städtischen und privaten Aufträgen ausgelastet war. Für größere Vorhaben fungierte Langhans auch als Unternehmer. Bereits 1766 vermittelte Hatzfeld seinen Baumeister an den Prinzen Heinrich von Preußen für Entwürfe zur Neuausstattung von Schloß Rheinsberg. Mit dem Speisesaal des Palais für den Justizminister von Zedlitz – ein Mitschüler aus Schweidnitz – in der Münzstr. 20 machte Langhans 1775/76 auch in Berlin auf sich aufmerksam. Der hierbei verwendete elliptische Grundriß mit eingestellten Säu-

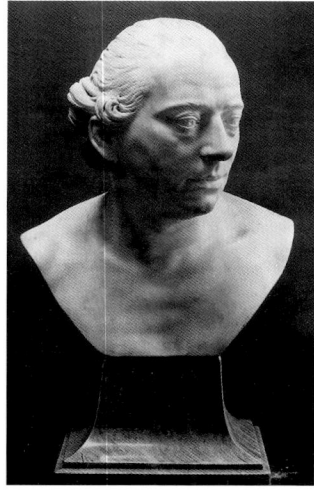

Abb. 3: Carl Gotthard Langhans (1732-1808)

len sollte fortan zu seinem Standardrepertoire gehören, das auch im Schloß Bellevue (Tanzsaal, 1785), dem heutigen Amtssitz des Bundespräsidenten, und im – während des Krieges zerstörten – ‚Niederländischen Palais' Unter den Linden (Speisesaal, 1787) zur Anwendung kam.

Das Jahr 1775 war aber für Langhans noch in anderer Hinsicht bedeutsam. Auf die Fürsprache des ihm freundschaftlich verbundenen Grafen Karl Georg Heinrich von Hoym bei Friedrich dem Großen hin wurde er in diesem Jahr zum Leiter der Breslauer Kriegs- und Domänenkammer und damit zum Chef des schlesischen Bauwesens berufen. Nicht genug damit: Noch vor Antritt seines Amtes durfte er sich darüber hinaus auf Kosten der königlichen Schatulle auf eine Studienreise begeben, die ihn nach England, Holland, Belgien und Frankreich führte.

Die Studienreisen, die Langhans zeit seines Lebens unternommen hat, haben auf seine künstlerische Entwicklung großen Einfluß gehabt, und die hierbei gewonnenen Eindrücke haben in seinen Werken in einem Ausmaß ihren Niederschlag gefunden, daß sein Konkurrent Schadow ihn später der Nachahmerei zieh; moderne Kunsthistoriker bezeichnen ihn gar als den größten Eklektiker seiner Zeit. In der Tat hat Langhans die sich ihm hierbei bietenden Anregungen förmlich absorbiert. Seinem Gönner von Hatzfeldt etwa schrieb er von seiner 1768/69 unternommenen Italienreise: „In allen Palais ... bin ich gewesen, und überhaupt alles, was sich bey Ew. Hochfürstlichen Durchlaucht Baue künftig möchte anbringen lassen, habe nicht allein in Acht genommen, sondern meistens abgezeichnet.“[15] Ein Brief von jener 1775/76 erfolgten Reise an seinen Freund Hoym zeugt von dem gleichen Eifer: „Ich habe Gelegenheit gefunden, alle Fabriquen zu sehen und accurate Risse aufzunehmen.“[16] Diese Reise dürfte es auch gewesen sein, auf der sein Interesse für den Palladianismus und die Neogotik geweckt wurde.

Zwar gehören die wenigen staatlichen Prachtbauten wie das Schauspielhaus Breslau sowie die zahlreichen privaten Palais, die Langhans in den folgenden Jahren schuf, zu den bedeutenden Schöpfungen des ausklingenden Barock, zuweilen bereits mit klassizistischen Anklängen. Welche künstlerischen Herausforderungen dagegen die Position eines Baudirektors der in drei Schlesischen Kriegen von 1740 bis 1763 verwüsteten preußischen Provinz für einen ambitionierten Architekten bot, läßt sich leicht ausmalen – zumal angesichts der Tatsache, daß Langhans überdies für den Hoch-, Straßen- und Wasserbau zuständig war. Geboten war hier in erster Linie – vor allem bei Wirtschaftsbauten, Kasernen und Pfarrkirchen – eine preiswerte, zweckorientierte Nüchternheit ohne architektonische Finessen.

So kommt es nicht von ungefähr, daß Langhans, nachdem er im Frühjahr 1786 noch unter der Ägide Friedrichs des Großen zum Ehrenmitglied der Kgl. Akademie der Künste zu Berlin ernannt worden war, sich bereits im Herbst des gleichen Jahres auch seinem Nachfolger Friedrich Wilhelm II. alleruntertänigst anzuempfehlen suchte: Anläßlich des königlichen Huldigungsbesuches in Breslau entwarf er die Ausschmückung der Stadt. Bereits im Jahr darauf war er mit den Mohrenkolonnaden und der 1791 fertiggestellten Herkulesbrücke wieder in Berlin präsent. Der Umbau des Kgl. Opernhauses, berüchtigt wegen seiner schlechten Akustik und Ausstattung, brachte ihm in den Jahren 1787/88 höchste Anerkennung sowie, im Juli 1788, die Berufung zum Direktor des Oberhofbauamtes ein.

Mit dem Ruf auf diesen Posten zog Langhans von Breslau nach Berlin – Charlottenstr. 48/Ecke Behrenstraße – und übernahm sofort eine Reihe bereits laufender Vorhaben. Dazu zählte auch das Schloßtheater Charlottenburg, für das er im Frühjahr 1787 den Entwurf vorgelegt hatte und das 1791 eingeweiht werden konnte. Im dortigen Schloßpark errichtete er 1788–90 nebst kleinerer Parkbauten auch das Belvedere. Aber auch so profane Vorhaben wie den Bau der Chaussee von Berlin über Steglitz nach Potsdam (1788–90) hatte er zu leiten. Zu seinen wichtigsten Bauten in Berlin zählen neben dem Brandenburger Tor vor allem der neogotische Turmhelm der Marienkirche, das anatomische Theater der ‚Vieharzeney Schule‘ (beide 1789/90 errichtet) und das Französische Komödienhaus am Gendarmenmarkt (1800–02).

Nach 1802 zog sich Langhans, inzwischen siebzig Jahre alt, mehr und mehr von seinem Amt zurück. Am 1. Oktober 1808 starb er auf seinem Landsitz Grüneiche. Walther Hinrichs ließ dem oft verkannten Erbauer des Brandenburger Tores 1909 Gerechtigkeit widerfahren, als er bemerkte: „Der Ruhm seines großen Nachfolgers Schinkel verdunkelte seine baukünstlerischen Verdienste. Und trotzdem ist Schinkels Entwicklung ohne einen Langhans ... kaum zu erklären."[17]

Vorbild und Werk

Der Rückgriff auf historische Bauformen war keine Besonderheit. Vor allem die Architektur des 19. Jahrhunderts vom Klassizismus Schinkels bis zum Neobarock Ernst von Ihnes lebte vom Vorbild. Die Ausprägung dieser an sich jeder Kultur eigenen Erscheinung, die nur niemals zuvor so absolut das Bild bestimmt hat, begann bereits im späten 18. Jahrhundert. Die geistige Verwertung des Vorbildes hatte aber sehr unterschiedliche Ausprägungen, von der Anregung eigenschöpferischer Lösungen der Bauaufgabe bis zum detailgetreuen Plagiat der Form mit unpassendem Inhalt.

Diese Architektur, allgemein als ‚Neostile‘ bezeichnet, war Ausdruck des bürgerlichen Bemühens, nicht nur eine eigene kulturelle Identität, sondern auch einen eigenständigen künstlerischen Stil zu finden. In der geistigen Auseinandersetzung mit dem Feudalismus kam es dabei zu einer Rückbesinnung auf die humanistischen und ästhetischen Werte der Antike. Diese ideelle Basis blieb jedoch, gemessen an der stürmischen gesellschaftlichen Entwicklung, nicht auf Dauer tragfähig. „Ein großer Theil derselben [Architekten/d.V.] lebt wirklich in dem Glauben, daß die schönen Formen in der Architectur etwas Absolutes seien, was für alle Zeiten und Umstände unverändert bleiben könne, und daß einzig und allein der antike Styl dieselben in ihrem vollkommenen Ideale darstelle."[18]

Der deutsche Klassizismus steht im europäischen Maßstab am Ende dieses Prozesses, war doch speziell in Preußen die sozialökonomische Entwicklung weit hinter der von England und Frankreich zurückgeblieben. Folgerichtig standen neben dem antiken Ideal vielfältige klassizistische Spielarten Pate. Friedrich Wilhelm von Erdmannsdorff (1736–1800) bezog Anregungen aus dem englischen Palladianismus, der seine Wurzeln im palladianischen Klassizismus Italiens vom Ende des 16. Jahrhunderts hatte. Friedrich Gilly (1772–1800), jung gestorben und doch von nachhaltiger Wirkung, gilt hingegen als Apologet der französischen Revolutionsarchitektur. Eine typisch preußische Form des Übergangs zum Klassizismus war der Zopfstil, in Berlin und Potsdam vor allem durch Unger und Gontard vertreten.

Als Langhans 1799 in seiner *Promemoria* schrieb, daß er „... bey dem Bau des Neuen Thores, das Stadt-Thor von Athen zum Modelle genommen, so, wie solches von le Roy und Stuart et Revett nach denen, noch gegenwärtig in Griechenland befindlichen Ruinen, umständlich beschrieben wird"[19], war fürderhin dem Werk ein Etikett gegeben. Abgesehen davon, daß er irrte, denn es handelt sich nicht um ein Athener Stadttor, sondern um das Tor zur Akropolis, setzte Langhans die Anregungen aus der Antike zu einem eigenständigen Werk um. „Obwohl eine Nachbildung der Propyläen auf der Acropolis zu Athen, mit denen es die allgemeine Anordnung eines von zwei vorspringenden Flügelbauten eingefassten Thores gemein hat, ist es doch keine blosse Nachahmung, sondern eine geistvolle Neuschöpfung von bedeutender monumentaler Wirkung" urteilte Richard Borrmann im Jahre 1893.[20]

Die Anlage besteht aus dem zum Platz hin geöffneten zentralen Torbau und den beiden begleitenden, säulenumstandenen Flügelbauten, in denen einst die Zollgebühren kassiert wurden und die Wache ihr Quartier hatte. Der Torbau ist 62,5 m breit, 11 m tief und bis zum Sockel der Quadriga 21,5 m, bis zur Spitze der Quadriga ca. 26 m hoch. Die fünf Durchfahrten, von denen die mittlere – die einst für Angehörige des Herrscherhauses reserviert war – breiter als die seitlichen ist, werden von Scheidewänden getrennt, in denen insgesamt zwanzig Reliefs mit den Heldentaten des *Herakles* eingelassen sind. Vor den Scheidewänden stehen schlanke Säulen dorischer Ordnung, jeweils eine zur Stadt- und eine zur Tiergartenseite. Dorisch ist der Tradition nach die männliche, die starke, verteidigungsfähige und würdige Ordnung, wohingegen die ionische als jungfräulich und die korinthische als matronenhaft gilt. Langhans wählte also eine durchaus würdige und angemessene Sprache für sein Tor. Allerdings ist es nicht die klassische griechisch-dorische Ordnung, wie sie die Propyläen prägt, sondern die durch die Schriften Vitruvs und deren Bearbeitung durch den französischen Theoretiker Claude Perrault verbreitete ‚römische' Form der Dorica: Sie hat im Gegensatz zum athenischen Vorbild steilere und weitere Proportionen, vor allem aber eine dreifach gestaffelte Basis, deren untere Wulst noch einmal auf einer flachen Platte, der sogenannten Plinthe, lagert. Auch sind zwischen den Kanneluren

Erechtheion.   Phidias' Athene.   Parthenon.   Propyläen.   Tempel der Athena Nike.

Abb. 4: Die Propyläen der Akropolis als Vorbild des Brandenburger Tores. Hier eine Rekonstruktion der Akropolis nach Thiersch

schmale Stege statt scharfer Kanten zu sehen. Langhans prägte sein Tor – auch wenn er jedes Detail, selbst die unorthodoxe Basis, auf eine griechische Wurzel zurückführen konnte – insgesamt durch eine Form der Dorica, die seinem Auftraggeber aus der Tradition vertrauter war als die erst jüngst von den englischen und französischen Ausgräbern bekannt gemachte Urform. Außerdem ermöglichten die steileren Proportionen breitere Durchfahrten, ohne mit den vorgeschriebenen akademischen Regeln zu brechen – für eine Toranlage durchaus auch ein zu berücksichtigender, ganz pragmatischer Aspekt der Architektursprache.

Das vergleichsweise schlanke Gebälk des Tors ist durch den Fries aus Triglyphen und zwischen diese gesetzte Metopen – 32 an der Zahl, je 16 zur Stadt- und zur Feldseite – ebenfalls als der dorischen Ordnung zugehörig gekennzeichnet. Aber auch hier kopierten Langhans und der mit ihm gemeinsam das Bildprogramm entwerfende Bildhauer Johann Gottfried Schadow keineswegs sklavisch das Vorbild, sondern stellten zusammen, was ihnen wichtig erschien: Die Metopenreliefs mit ihren Darstellungen des Kampfes zwischen Lapithen und Kentauren orientieren sich an den ebenfalls von Stuart und Revett publizierten Reliefs des Parthenon, die als Teil der ‚Elgin Marbles' seit 1816 der stolzeste Besitz des Britischen Museums in London sind.

Wenn auch Langhans die Grunddisposition der Propyläen und das architektonische Motiv eines sechssäuligen Eingangs übernahm, besteht sonst kaum eine weitere Ähnlichkeit. Den Griechen war solch ‚schwergewichtige' Bekrönung mit einer Monumentalplastik wie der Quadriga unbekannt. Diese führten erst die Römer in die Architektur ein. Die Wandlung des antiken Dreiecksgiebels zur Attika ist auch konstruktiven Erfordernissen – Gewölbe zur Lastaufnahme und Auflast zur Minderung der Schubkräfte – für die Ableitung der zusätzlichen Lasten des Viergespanns geschuldet. Völlig entgegengesetzt ist auch die Orientierung des Bauwerkes. Die Propyläen, kein Einzelbau, sondern integraler Teil eines harmonischen Ensembles, sind mit ihrer Schaufassade funktionell nach außen, also dem die Akropolis – Burg und Heiligtum – betretenden Besucher zugewandt. Sie sollen ihn auf das Innere des Tempelbezirks einstimmen. Die Flügelbauten fassen eine gigantische Freitreppe, die die Maßstäblichkeit zwischen Mensch und Gottheit herstellt. Beim Verlassen der Akropolis lag Athen, eingebettet in ein gewaltiges Panorama, dem Besucher zu Füßen.

Anders das Brandenburger Tor. Städtebaulich zwar als Stadttor angelegt, fungiert es jedoch als Denkmal und ist gestalterisch gänzlich auf die Stadt – den Pariser Platz und die ‚Linden' – orientiert, also nach innen. Die Öffnung des Grundrisses zum Platz folgt noch dem barocken Prinzip des Ehrenhofes. Die Repräsentation ist nicht, wie traditionell in der Stadtbaugeschichte, dem Besucher gewidmet, sondern dem Bewohner. Sowohl die Quadriga, dem Besucher einen Frauenrücken und vier Pferdehintern zuwendend, als auch das ikonographisch bestimmende Attikarelief *Zug des Friedens* sind zur Stadt hin ausgerichtet. Die Feldseite des Tores hingegen ist bis auf die Metopen im Gebälk ohne plastischen Schmuck und bis zum Umbau 1867/68 boten die seitlichen Torhäuser den Anblick herrschaftlicher Scheunen. Aber in beiden Fällen, in Athen und Berlin, ist das Tor auf die Stadt hin orientiert. Die zumeist überschwenglichen Schilderungen von Reisenden des 19. Jahrhunderts über den prachtvollen Auftakt der preußischen Residenz sind also mehr der schriftstellerischen Freiheit oder der Erleichterung geschuldet, die dem Geltungsanspruch des Tores noch lange nicht gerecht werdende Stadt wieder im Rücken zu haben...

Doch vielleicht äußern sich in dieser Divergenz auch die grundsätzlichen Haltungen der Bauherren: Zum einen das egozentrische Preußentum und zum anderen die kosmopolitische Haltung der antiken Griechen. Dem folgend ist auch verständlich, daß die Interpretation der Propyläen von Camillo Sitte aus dem Jahre 1909 nicht auf Berlin übertragbar ist: „Das untere Eingangstor, die mächtige Freitreppe, die wundervoll durchgeführten Propyläen, sind der erste Satz dieser in Marmor, Gold und Elfenbein, Bronze und Farbe ausgeführten Sinfonie; die Tempel und Monumente des Innenraumes sind die zu Stein gewordenen Mythen des hellenischen Volkes. Das erhabenste Dichten und Denken hat hier an geweihter Stätte seine räumliche Verkörperung gefunden. Das ist in Wahrheit der Mittelpunkt einer bedeutenden Stadt, die Versinnlichung der Weltanschauung eines großen Volkes."[21]

Lag hier vielleicht der tiefere Sinn der Vorbildwahl von Carl Gotthard Langhans? Dieser Anspruch war mit der Wirklichkeit aber unvereinbar. Den ideellen Hintergrund versuchte Georg J. Reimann aufzuhellen, als er diesen in seiner zeitlichen Gegenwart suchte: „Im Jahre des Losbruchs der Französischen Revolution begann der Bau des Brandenburger Tores, dessen formale Gestaltung wie weltanschauliche Aussage auf der Höhe dessen steht, was man von jener Phase der neuen Entwicklung überhaupt erwarten durfte."[22]

Vergleicht man die Langhans 1788 zur Verfügung stehenden Darstellungen der Propyläen mit seinem Werk – er selbst hat nie Athen besucht – so wird seine Anlehnung an das Vorbild weiter relativiert. Die von ihm genannten Stichsammlungen von Julien-David Leroy (1758) und James Stuart (Bd. 1, 1762, 2, 1788) gaben vom visuellen Eindruck der Ruinen abgeleitete Vorstellungen von der einstigen Gestalt des Bauwerkes wieder. Sie sind nicht mit den modernen Darstellungen zu vergleichen, die auf den erst 1835 von Ludwig Ross, Eduard Schaubert und Christian Hansen begonnenen wissenschaftlichen Ausgrabungen basieren, die ab 1909 durch N. Balanos zum Wiederaufbau unter Verwendung von Originalteilen führten.

In den gestalterischen Details gibt es kaum Übereinstimmungen. Das Verhältnis der Breite zur Höhe des Baus wurde von Langhans deutlich zugunsten der Höhe verändert, die rhythmische Abfolge der Durchgangsbreiten der Propyläen entfiel. Die Attika assoziiert durch die prägnante Abtreppung zwar einen vorgeblendeten Giebel, ursächlich leitet sie aber zum einen visuell als Sockelgestaltung zum römischen Motiv des Triumphwagens über, eine völlig ungriechische Gestaltung abseits jeden Vorbildes, zum anderen ermöglicht sie statisch die problemlose Lastableitung. Eher hätte Langhans schon das Haupttor der Saline von Chaux (heute Arc-et-Senans), Teil des Idealstadtentwurfes von Claude Nicolas Ledoux (1755), als Vorbild wählen können. Vermutlich hat er diesen bis 1779 ausgeführten Bau aber nicht gekannt. Abgesehen von seiner sprichwörtlichen Akribie bei der Angabe von Vorbildern war die Antike das Ideal, nicht eine seinem Werk fast zeitgleiche Adaption.

Im gestalterischen und konstruktiven Detail bieten Vorbild und Werk noch heute ungeahnte Möglichkeiten vergleichender Untersuchungen, nur hat weder Langhans Anhaltspunkte zu Interpretationen gegeben noch kann dies aus heutiger Sicht und Kenntnis definitiv zu einem allgemeingültigen Ende geführt werden. Otto Schubert faßte 1954 das Problem „Kopie oder eigenschöpferische Leistung" kurz und treffend – unbeschadet der Gotik-Hypothese – zusammen und klärte damit auch Schadows Rolle bei der Legendenbildung: „Langhans löste diese Aufgabe, ... indem er sich nicht auf eine Kopie einließ, sondern den Gedanken der griechischen Säulenordnung mit dem Stre-

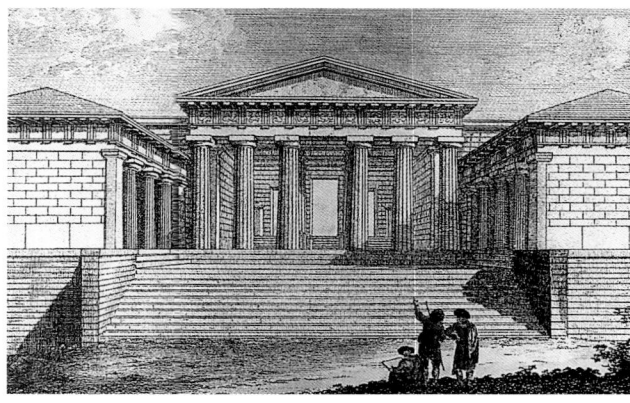

Abb. 5: Der Vergleich der Propyläen mit dem Werk von Langhans relativiert dessen Anlehnung an sein Vorbild. Kupferstich von Johann Carl Richter (1759- nach 1832), um 1800

ben der Zeit nach ruhiger Mauerfläche verband. Er schuf tiefe aber schmale Mauerpfeiler mit Reliefschmuck. Den Schmalseiten dieser Pfeiler sind dorische Säulen vorgestellt. So entstand ein Werk, das sich grundsätzlich von allen griechischen Bauten unterscheidet und sich auf einer ganz anderen Proportionalität aufbaut wie die Propyläen. Sein überragender Wert ist lange Zeit durch Gottfried Schadows unberechtigte Kritik verdunkelt worden. Denn Schadow glaubte darin eine Kopie der Propyläen zu erblicken. Er übersah die außerordentliche städtebauliche Leistung, die grundsätzliche Verschiedenheit der Komposition und die formale Freiheit im Handhaben griechischer Formelemente."[23]

Daß aber Langhans, der sichtlich nicht dem hellenistischen Gestaltungsschema folgte, in Verkennung seiner Leistung und mangels gemeingültiger Deutung des neuen architektonischen Stil-Phänomens wieder ein scheinbar plausibler historischer Bezug unterstellt wird, führte zu außerordentlich kühnen (Hypo-)Thesen: „Er [Schadow/d.V.] übersah vor allem, daß dieses Werk sich nicht auf griechischer, sondern deutscher Proportionalität aufbaut, indem der gleichschenklige 45 Grad-Winkel der Gotik das Werk im Aufbau der Massen und in den einzelnen Teilen beherrscht. ... Handelte es sich doch hier um die Bekundung des Staatsgedankens."[24]

Die vergleichende Wertung von Vorbild und Werk kann nicht isoliert vom Umfeld vorgenommen werden, beide hatten eine dominante Stellung in einem hervorragenden städtebaulichen Ensemble: „Ohne in seiner Schöpfung also originell zu sein, verstand der Meister es jedoch glänzend, das edle Vorbild im Sinne kritischer Auseinandersetzung selbständig weiterzuentwickeln und die Verhältnisse und Formen mit der realen Umgebung des Platzes so in Einklang zu bringen, daß der Bau nicht als müßiges Dekorationsstück erscheint, sondern eine praktische und ästhetische Aufgabe als westlicher architektonischer Blickpunkt der Prunkstraße Unter den Linden und als Abschluß des Pariser Platzes wie als Eingang zum Stadtzentrum vom Tiergarten aus voll erfüllt."[25]

Die zweihundertjährige Diskussion um das Verhältnis von Vorbild und Werk läßt sich vielleicht auf eine kurze und überraschende Formel bringen, die Heinz Schönemann nach einem Vergleich von Ledoux' Entwurf des Salinentors von Chaux und Langhans' Brandenburger Tor 1997 formulierte: „Obwohl sich Ledoux wie Langhans auf das gleiche Vorbild der Propyläen in Athen beziehen, könnten beide Bauten nicht unterschiedlicher sein. Ledoux bewahrt ... noch einen abweisenden fortifikatorischen Charakter, während Langhans' Gebäude die Aufgabe der Öffnung zwischen Stadt und Umland erfüllt. Langhans' Berufung auf das antike Vorbild war nicht mehr als eine verständliche Schutzbehauptung, wie sie für Schritte ins Neuland an derart prominenter Stelle zu erwarten ist."[26]

Der Bau des Tores

Obgleich der Bau des Tores insgesamt ohne größere Hindernisse verlief, fallen bei näherem Hinsehen Ungereimtheiten in der Chronologie auf. Warum, zum Beispiel, wurde mit dem Abbruch des alten Tores – d.h. dem zugehörigen ‚Sprützenhaus‘ (Feuerwehr) – bereits am 5. Mai 1788 begonnen, obwohl Pläne für seinen Ersatz erst 15 Monate später genehmigt wurden? Zwar kann ein Vertrag mit den Bauunternehmern erst für den 21. Februar 1789 nachgewiesen werden, aber schon im Juli 1788 war die Baugrube fertig und mit den Gründungsarbeiten wurde begonnen. Ein Modell des Tores samt Quadriga wurde aber erst am 16. August 1789 in der Akademie-Ausstellung gezeigt.

Die Sandsteine aus Pirna, der Umgebung Dresdens und aus dem Magdeburgischen wurden zwischen März und Michaelis (29. September) 1789 geliefert. Bereits im Juni 1790 waren die Säulen aufgerichtet und schon am 15. August 1790 war zu lesen: „Bey dem Bau des Brandenburger Thores ist die Steinmetzarbeit meist gänzlich fertig und wird jetzo das Hauptgesims am Architrav ringsherum versetzt. Diese wichtige Arbeit worauf die Solidität des Ganzen beruht, hat einige Zeit erfordert, weil sie mit aller Attention und Accuratesse betrieben werden

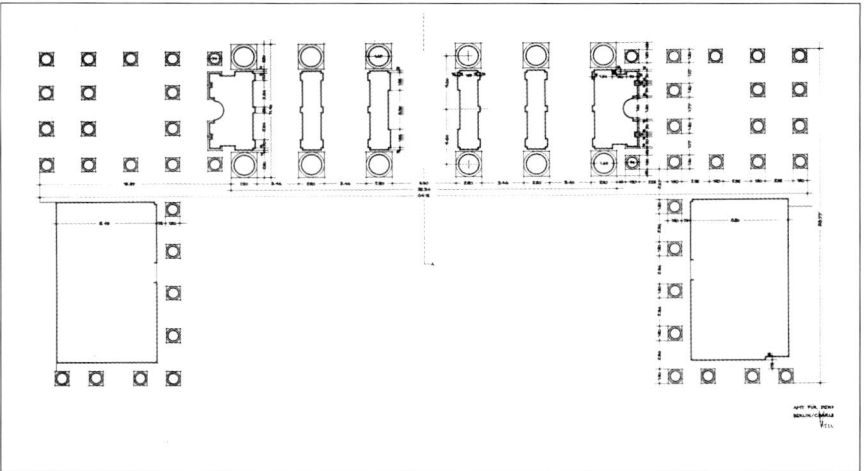

muß. Da inzwischen der linke Flügel, wo die Wache hinkommt, völlig fertig ist, daß solche bezogen werden kann: So wird alles angewendet, um die Passage durch das Neue Thor zu eröffnen, womit die Wache verlegt werden, und der andere Flügel für die Accise, wozu die Säulen und Gesimse parat liegen, in Kurzen nachzuholen sein wird."[27]

Am 23. April 1788 hatte das Oberhofbauamt darauf hingewiesen, „... daß an beyde Häuser ... nahe herangebauet" werde.[28] Die beiden in unmittelbarer Nachbarschaft zum Tor lebenden Anwohner des Platzes, der schottische Maler mit dem Pseudonym Eduard Francis Cunningham (1741–1793; sein richtiger Name ist unbekannt), dem auch das von ihm bereits seit 1782 bewohnte südlich angrenzende Haus mit dem Grundstück des Tor-Spritzenhauses seit 1787 gehörte, sowie der Besitzer des nördlich gegenüberliegenden Domizils, der Fabrikant Johann Georg Sieburg (1722–1801), fanden sich daraufhin zu einer In-

Abb. 6: Grundrißzeichnung des Brandenburger Tores. Zustand nach 1868

teressengemeinschaft zusammen. Sie beklagten, daß ihnen für ihre Tätigkeit notwendiges Licht genommen würde. Namentlich Cunningham monierte, daß ihm bei einem Bau des Tores in der vorgesehenen Höhe und Größe das zum Malen notwendige Nordlicht genommen würde, wofür ebenso eine Entschädigung notwendig sei wie für die Inanspruchnahme seines Grund und Bodens durch das geplante (südliche) Torhaus. Sieburg hingegen mag auf die Notwendigkeit direkter Sonneneinstrahlung verwiesen haben, betrieb er doch seit 1781 in seinem Anwesen am Pariser Platz die erste englische Spinnmaschine in Berlin. Damit gehörte er – heute unverdientermaßen vergessen – zu den Pionieren der industriellen Revolution in Preußen.

Etwa ein Jahr später, am 1. April 1789, erhielt Cunningham nach vielem Hin und Her die notwendigen Umbauten an seinem Hause ersetzt und das Obergeschoß des südlichen Torhauses zur Nutzung überlassen. Dennoch verkaufte er das Gebäude bald darauf. Sieburg hingegen ging leer aus. 1794 wurde in den Fabrik-Neubauten am Spreeufer – Kasernenstr. 2 – erstmals in einer preußischen Fabrik zum Antrieb von Arbeitsmaschinen eine Dampfmaschine installiert.

Als das Tor im Juli 1791 fertiggestellt war, ließ Langhans beim König anfragen, ob er das neue Tor eröffnen wollte. Am 6. August erhielt er vom Kgl. Kämmerer Johann Rietz die Auskunft, daß dieser sobald nicht nach Berlin zurückzukehren gedenke und daher das Tor ohne sein Beisein eröffnet werden könne, „dabei aber zu befehlen geruht, Ew. Wohlgeboren wissen zu lassen, daß das Gerüste um dieses Thor nicht Jahr und Tag stehen bleiben solte."[29] So geschah es denn, und zwar am selben Tag: „Actum, Berlin, den 6. August 1791. Nachdem auf Befehl Sr. Königl. Majestät die Passage in dem neu erbauten Brandenburger Thor heute eröffnet wurde, so bezog das daselbst wachthabende Militair die an diesem Thor neu erbaute Wache, welche durch Endes Scriptum folgend Mobilien erhielt und durch den Herrn Lieutenant von Prodzynski als Wachthabenden Offizier selbst in Empfang genommen wurde..."[30]

Johann Gottfried Schadow

Ist die Entstehung des Tores relativ einfach zu rekonstruieren, so ranken sich um die Quadriga unzählige Geschichten und Legenden. Ihr Schöpfer aber steht fest: Johann Gottfried Schadow (1764–1851). Der bis zum Aufstieg von Christian Daniel Rauch bedeutendste Bildhauer des Berliner Klassizismus war in vielfältiger Weise Partner von Langhans. Langhans war Direktor des Oberhofbauamtes und Schadow als Königlicher Hofbildhauer und Leiter der Hofbildhauerwerkstatt war ‚Direktor' für die plastische Ausschmückung der von dieser Behörde verantworteten Bauten. Die Beziehungen zwischen beiden waren zweifellos nicht frei von Spannungen. Es ist möglich, daß sich dabei das Verhalten von Langhans bei der Bewerbung von Schadow für die Hofbildhauerstelle belastend ausgewirkt hat. Hatte er doch – selbst erst seit kurzem in seiner Position – bei der Auswahl der Kandidaten keinen dieser Stellung favorisiert und im Hinblick auf Schadow auf dessen jugendliches Alter warnend hingewiesen. Gravierend machte sich in jedem Fall in einer Zeit radikalen Stilwandels der Generationsunterschied zwischen beiden bemerkbar – Schadow war zweiunddreißig Jahre jünger als Langhans. Mußte der vom Rokoko kommende Architekt sich dem Geist der neuen Zeit erst mühsam nähern, so war der Bildhauer bereits in diese Epoche hineingeboren.

Dies mag erklären, warum Schadow noch in seinen in den Jahren 1844–48 niedergeschriebenen Lebenserinnerungen *Kunstwerke und Kunstansichten* über Langhans folgendermaßen urteilte: „War es Mißtrauen gegen eigene Ideen oder Bequemlichkeit, genug, er entlehnte gerne. Auf seinen Reisen hatte er seine Mappen gefüllt, und eine Wiederholung anerkannter Meisterwerke dünkte ihm sicherer als neue Originale von unsereinem." Und im Hinblick auf das Brandenburger Tor bemerkte er an gleicher Stelle: „Deutschland hat für diese Architektur wenig geliefert."[31]

Diese Abwertung hat Langhans bis zum Ende des 19. Jahrhunderts angehaftet, und auch heute begegnen wir ihr noch gelegentlich. Dennoch konnte Albert Hofmann 1906 feststellen: „... Die heutige Anschauung hat die kritische Stellung zur künstlerischen Bedeutung von Langhans wesentlich geändert. Namentlich der Gegensatz, in dem Schadow sich zu ihm befand, und aus welchem heraus die Beurteilung des Meisters in Schadow's *Kunstwerke und Kunstansichten* stattfand, hat die Bedeutung von Langhans zu schmälern versucht. ... Mag er Eklektiker von großer Gewandtheit gewesen sein und mag er das Werk des Le Roi über Athen noch so eifrig studiert und den Gedanken für sein neues Thor den Propyläen in Athen entlehnt haben, es steckt in der wesentlich veränderten Ausführung und in der feinen Anpassung an die Verhältnisse des Platzes noch so viel eigene künstlerische Gestaltungskraft, daß Schadow's Beurteilung ihre Berechtigung verliert und Langhans zu den bedeutendsten Architekten Berlins am Ausgange des XVIII. Jahrhunderts gezählt werden muß."[32]

Als Johann Gottfried Schadow am 20. Mai 1764 in der Berliner Heiliggeiststraße geboren wurde, hatte Langhans bereits seinen ersten großen Auftrag – den Bau der Kirche von Groß-Glogau – erhalten. Bereits in der Elementarschule des ‚Berlinischen Gymnasiums zum Grauen Kloster' fiel Schadow mit seinen kindlichen Zeichnungen auf. Ohne die Philosophie des Zufalls strapazieren zu wollen – daß die Gehilfen des königlichen Hofbildhauers Jean-Pierre-Antoine Tassaert (1727–1788) zur Kundschaft des Vaters zählten und ihre Schulden durch Zeichenstunden für dessen Sohn und Laufburschen abarbeiten konnten, muß als große Gunst des Schicksals, wenn nicht gar als dessen Fügung angesehen werden. Wenn Tassaert später behauptete, Schadow sei eigentlich ein besserer Zeichner als Bildhauer, so bestätigt dies nachdrücklich dessen Begabung.

Im Frühsommer 1778 nahm der Hofbildhauer das junge Talent sogar in seinen Haushalt auf. Wenn dies auch weniger zu dessen Förderung als vielmehr zur Inspiration der eigenen weniger talentierten Kinder geschah, begann doch auf diese Weise Schadows Künstlerkarriere. Gleichzeitig besuchte er Vorlesungen an der Akademie der Künste, und so stand ihm bald als außeretatmäßigem Gehilfen das Atelier Tassaerts offen. Mit knapp 19 Jahren wurde Schadow im April 1783 schließlich offiziell angestellter Gehilfe des Hofbildhauers. Neben seinem Dienstherren sorgten nun die Maler und Zeichner Johann Christoph Frisch (1738–1815), Daniel Nikolaus Chodowiecki (1726–1801) und Daniel Berger (1744–1824) sowie der Berliner Bildhauer Conrad Nicolaus Boy (1753–1793) für seine weitere künstlerische Ausbildung.

Bereits mit 17 Jahren hatte Schadow Zugang zum Hause Marcus Herz gefunden, in dem die gleichaltrige Gattin des Hausherren gerade begann, ihren berühmt gewordenen Salon zu führen. Die Porträtbüste der Henriette Herz, der er lebenslang freundschaftlich verbunden blieb, aus dem Jahre 1781 ist Schadows frühestes bekanntes Werk. Der Gipsabguß, heute im Besitz der Alten Nationalgalerie Berlin, läßt in nichts das jugendliche Alter ihres Schöpfers erahnen. Das Unbehagen, das Schadow den üppig-barocken, mit viel Beiwerk dekorierten Porträts seines Meisters entgegenbrachte, artikulierte sich schon hier in dem deutlichen Versuch, mit antikisierender Strenge die Porträtähnlichkeit zu wahren.

Als Schadow im Frühjahr 1785 im Salon Herz die fünf Jahre ältere Wiener Juwelierstochter Marianne Devidels (1758–1815) kennenlernte, stellten sich die Weichen für seinen weiteren Lebensweg. Mit der schriftlichen Zustimmung des künftigen Schwiegervaters zur Heirat kam auch das Angebot aus Wien, dem Schwiegersohn einen Studienaufenthalt in Italien zu finanzieren. Die Hochzeit in Berlin fiel jedoch ins Wasser, denn Schadow mußte im Mai des gleichen Jahres – vorausschauend gleich samt Braut – flüchten und reiste über Dresden und Prag nach Wien. Aufgrund eines von ihm gestochenen satirischen Titelkupfers zu einer Schmähschrift auf den verhaßten Kabinettsminister Ewald Friedrich von Hertzberg wurde der nicht ganz so anonym wie erhofft gebliebene Kupferstecher von der Polizei gesucht. Die vom Schwiegervater bereits in gutem Glauben in der Donaumetropole bekanntgegebene Heirat seiner Tochter in Berlin war durch die mit einer Verhaftung verbundene Gefahr der Blamage unmöglich geworden – am 24. August 1785 wurden beide am Reiseziel Rom getraut.

In Rom verkehrte Schadow anfangs vor allem im Hause des Schweizer Malers Alexander Trippel (1744–1793), pflegte Umgang mit dem einheimischen Bildhauer Antonio Canova (1757–1822), und war bald als der urwüchsige Berliner in den Künstlerkolonien der ‚ewigen Stadt' bekannt. Mit dem Gewinn eines der am 12. Juni 1786 verliehenen Balestra-Preises in einem Akademie-

Wettbewerb für junge Bildhauer und Architekten erwarb sich Schadow schließlich internationalen Ruhm. Dieser drang bis nach Berlin und brachte ihm ein Pensionsangebot ein unter der Bedingung, daß er sich nicht wie erwartet in Wien, sondern in Berlin ansiedle. Nachdem auch sein Wettbewerbsentwurf für ein Denkmal Friedrichs des Großen den Beifall der Berliner Akademie gefunden hatte, entschloß sich Schadow, die Gelegenheit zu nutzen und zog mit Frau und dem in Rom geborenen Sohn Wilhelm am 5. November 1786 wieder nach Berlin.

Hier hatte sich nach dem Tode Friedrichs des Großen das geistige Klima spürbar verändert, der absolutistische Druck war gelockert, das Primat der französischen Hofkunst gebrochen, und bürgerliches Gedankengut begann sich öffentlich zu artikulieren – denkbar gute Bedingungen für den Heimkehrer. Auf Vermittlung des Ministers von Heinitz arbeitete Schadow zunächst für die Königliche Porzellanmanufaktur, denn an der Tätigkeit als Gehilfe bei Tassaert lag ihm nun verständlicherweise nichts mehr. Nach dessen Tod 1788 konnte er auf Heinitz Intervention hin Tassaerts Nachfolge als Kgl. Hofbildhauer und ‚Director aller Sculpturen‘ beim Oberhofbauamt antreten.

Seinen ihm von Italien vorauseilenden Ruf konnte Schadow 1788–90 mit dem Entwurf und der Ausführung des Grabmals für den jung verstorbenen Grafen von der Mark (1779–1787), eines illegitimen Sohnes Friedrich Wilhelms II., unter Beweis stellen. Dabei gelang ihm ein Kunstwerk von einer Qualität, die ihn bei Hof für einen Auftrag zur Schaffung der Quadriga geradezu prädestiniert haben dürfte. Sie und der plastische Schmuck des Brandenburger Tores waren es, die ihn schließlich auch im Volk bekannt machen sollten. Zu den bedeutendsten Schöpfungen Schadows gehören ferner das Marmorstandbild des Reitergenerals Hans Joachim von Zieten (1791–94) auf dem Wilhelmplatz, das sich heute in den Staatlichen Museen zu Berlin befindet, und die sehr populäre, feinsinnig realistische Prinzessinnengruppe Luise und Friederike (1795–97) – das erste lebensgroße Doppelstandbild des Klassizismus.

Als großer Porträtist wies sich Schadow mit den vierzehn Marmorbüsten deutscher Potentaten und Geistesgrößen für die ‚Walhalla‘ bei Regensburg (1807–11) aus. Mit dem 1805/1806 konzipierten und 1815–21 ausgeführten Luther-Denkmal in Wittenberg und dem in Zusammenarbeit mit Goethe 1815–19 entstandenen Blücher-Denkmal in Rostock gab Schadow Proben seines Könnens im Bronzeguß.

Eine zumeist unterschätzte Seite seines Schaffens stellt das zeichnerische Werk dar. Seine Karikaturen könnten für sich allein den Rang eines Lebenswerks beanspruchen. Die in napoleonischer Zeit geschaffenen Blätter beeindrucken nicht nur durch ihren künstlerischen Gehalt, sondern auch durch den Berliner Witz und den politischen Mut ihres Meisters.

Weniger Anerkennung wurde Schadows Wirken 1805–15 als Vize- und dann als Direktor der Akademie der Künste zuteil. Hier stieß seine autoritäre Amtsführung besonders bei den jungen Kondukteuren der angeschlossenen Bauakademie auf Widerstand und führte 1824 zur Gründung des Architektenvereins zu Berlin als oppositioneller Fach- und Standesorganisation durch Eduard Knoblauch (1801–1865) und August Stüler (1800–1865).

Noch bis in die 1820er Jahre hinein schuf Schadow bedeutende Werke; nach dem Wiener Kongreß 1815 aber stand der immer konsequent Distanz zur Hofclique haltende und im Umgang unbequeme Künstler nicht mehr in der Gunst der Mächtigen. Um 1830 geriet der Mitsechziger auch stilistisch in Bedrängnis. Weder den sich durchsetzenden romantisierenden Darstellungen noch dem kraftvoll-realistischen Spätklassizismus seines Schülers Christian Daniel Rauch konnte Schadow Paroli bieten. Der ihm selbst zugeschriebene Ausspruch: „Mein Ruhm ist in Rauch aufgegangen" muß aus diesem Grund als mehr als nur ein galgenhumoriges Bonmot gedeutet werden.

Schadow hat der Nachwelt eine für die Kunstgeschichte äußerst bedeutsame Publikation hinterlassen, das bereits erwähnte Buch *Kunstwerke und Kunstansichten*, das er im hohen Alter, in den Jahren 1844–48, verfaßte und im Juli 1849 König Friedrich Wilhelm IV. persönlich überreichen konnte. Es handelt sich dabei weniger um Memoiren in konventionellem Sinn, sondern vielmehr um ein umfangreiches Quellenwerk zur Berliner Kunst- und Kulturgeschichte von bleibendem Wert.

Die Quadriga

So gewiß es auch ist, daß die Quadriga in Langhans' Entwurf bereits vorgesehen war, das Brandenburger Tor mithin als Gesamtkonzept Verwirklichung gefunden hat – über Schadows Entwurfsarbeit für den plastischen Schmuck des Brandenburger Tores ist ausgesprochen wenig überliefert, selbst seine eigenen Äußerungen dazu sind sehr sparsam. Nur an die Gestaltung der Pferde erinnerte er sich in seinen Memoiren: Um die Bewegungen zu studieren, „wurde einer der Beamten im Königlichen Marstalle angewiesen, so zu reiten, daß ich darnach Zeichnung nehmen konnte."[33] Das Gipsmodell war schließlich nur 81 cm hoch.

Zur Gestaltung des Streitwagens gibt es überhaupt keine Überlieferungen und zur Siegesgöttin ist kaum mehr bekannt als zu den Pferden. Diese Lücke zu füllen versuchte rund hundert Jahre später eine gewisse Elise Schmidt. Doch die in ihrer 1888 erschienenen Schrift erhobene Behauptung, daß Schadow ausgerechnet in der Nichte des mit der Ausführung der Arbeiten beauftragten Kupferschmiedes Ernst Emmanuel Jury – die zu diesem Zeitpunkt gerade erst zehn Jahre alt, zierlich gebaut und daher beileibe keine junonische Erscheinung war – das Modell für seine *Victoria* gefunden habe, ist in das Reich der Legendenbildung zu verweisen, die auf nur allzu durchsichtigen Motiven gründet. Ist doch die Urheberin dieser rührigen Mär, eben jene Elise Schmidt, niemand anderer als die Enkelin jener Friederike Jury gewesen, die – wunderschöner Nebeneffekt – hiermit möglicherweise auch noch versuchen wollte, ihrem Urgroßonkel die geistige Urheberschaft am Entwurf der berühmten Siegesgöttin zuzuschreiben. Doch der Entwurf stammt erwiesenermaßen von Schadow. Vor allem aber ein Detail hatte die Autorin dabei übersehen, nämlich daß Jury aufgrund von Terminschwierigkeiten die Ausführung der *Victoria* im September 1791 an seinen Konkurrenten Koehler abgegeben hatte. Dem Kunsthistoriker Peter Wallé jedenfalls erschien „der Werth des ... »Werkes« ebenso fragwürdig, wie der der »historischen Quellen«, deren übrigens – keine einzige angeführt wird."[34]

Abb. 8: Revisionszeichnung nach der Wiederherstellung der Quadriga in den Jahren 1957/58

Eine erste Beratung zu Termin- und technischen Fragen zwischen Langhans, Schadow und dem Potsdamer Kupferschmied Ernst Emmanuel Jury fand am 13. März 1789 statt. Im Protokoll der Besprechung lesen wir: „Nachdem sich der Kupferschmidt Jury weitläufig erkläret hatte, in welcher Art er mit seiner Arbeit zu werke gehen wolle und könne, wurde beschlossen, daß von Hr. Schadow ein Modell nach einem Maasstabe, was 1 1/2 Zoll für 1 Fuß angenommen wird, zu fertigen sey, welches die Maaße einer Gruppe von 4 Pferde und einem Wagen nebst der Victoria deutlich ausdrückte, wornach sodenn das große Modell, dessen Pferde mit dem Kopf 10 Fuß hoch sein sollten, von Holz zum wahren Modell in der Größe gefertigt würden, wie die ganze Gruppe in natura sein sollte. Es wurde hierbey bemerkt, daß es am besten sein würde, dieses große hölzerne Modell gerade hier in Berlin machen zu lassen, damit selbiges unter beständiger Aufsicht, der Intention vollkommen gemäß ausgeführt werden könne..."[35] Unter der Bedingung, daß Schadow rechtzeitig liefere, verpflichtete sich Jury, bis zum Herbst 1790 fertig zu sein. „Der Bildhauer Schadow übernahm die Fertigung eines Modelles, und solches in 4 Wochen zu liefern."[36]

Am 6. Mai 1789 wurde ein Vertrag mit den Gebrüdern Wohler aus Potsdam unterzeichnet, in dem sich diese verpflichteten, die Holzmodelle, auf denen die Quadriga-Figuren getrieben werden sollten, bis zum 1. Mai 1790 zu liefern. Am 22. Juli 1789 wurde Jury mit den Treibarbeiten beauftragt. Arbeitsbeginn sollte Michaelis (29. September) sein, der Endtermin – „bis auf die letzte Schraube" – wurde auf den 31. März 1791 festgesetzt. Am 16. August 1789 besichtigten die Akademie-Mitglieder das Modell des Tores und der Quadriga, am 25. September wurde es öffentlich ausgestellt. Als Jury schließlich am 28. Oktober 1789 einen ‚Freipass' (Zolleinfuhrgenehmigung) für das Kupfer ausgestellt bekam, konnte das Unternehmen beginnen.

Nur eine kleine Skizze hatte Schadow gemacht und diese war von den Gebrüdern Wohler vergrößert und in ein stabiles Holzmodell umgesetzt worden. Die Dame war 4,5 Meter groß geraten, während die Pferde nur 4 Meter hoch waren. Es scheint, daß viele mit dieser „einzigen Berlinerin ohne Verhältnis", wie die spottlustigen Berliner sie betitelten, nicht zufrieden waren und daß die eigentlichen Urheber sich nur ungern zu ihr bekannten. Eine *Siegesgöttin* im natürlichen Größenverhältnis wäre aber aus der Distanz von 35–40 Metern als zu unbedeutend erschienen. Offenbar bestanden sowohl im Oberhofbauamt als auch bei der Akademie der Künste Zweifel an der Proportionalität der Figuren. Um sich einen Eindruck davon zu verschaffen, wie der Triumphwagen wirken würde, beauftragte die Akademie am 30. Oktober 1789 den Maler Cunningham, ein Bild anzufertigen, das auf der Attika des Tores aufgestellt wurde, doch konnte dieses die Proportionen nicht zufriedenstellend verdeutlichen.[37]

Erst im Mai 1790 konnte das Holzmodell für das erste Pferd besichtigt werden; damit war aber bereits der vereinbarte Termin zur Lieferung aller Pferde überzogen. So reisten noch im gleichen Monat, am 18. Mai, Schadow, Chodowiecki und Johann Wilhelm Meil d. J. (1733–1805) nach Potsdam. Das von diesem Ereignis gefertigte Protokoll verweist auf mehr als 20 Positionen, die am Modell geändert werden sollten. Zum Beispiel: „... die Muskel b) an der Schulter des aufgehobenen Vorderfußes ist nicht erhaben genug ausgedrückt..."; oder: „... das Pferd im Gantzen im Gange [hat] zu wenig Feuer..."[38] Diese wurden Wohler am 25. Juni 1790 übermittelt. Am 3. August 1790 war das erste Pferdemodell vollendet, das Jury wegen vorübergehenden Platzmangels erst am 1. September in seiner Werkstatt aufstellen konnte.

Bereits am 19. Juli hatte Langhans alle anderen Arbeiten an der Quadriga einstellen lassen, denn es hätten sich „Zweifel gefunden, und wir einhalten sollten, bis die Academie der Künste die Proportiones zu der Grouppe bestimmt hätte."[39] Am 15. September 1790 beschloß die Akademie der Künste, die Pferde von zehn auf zwölf Fuß erhöhen zu lassen; die Arbeit an der *Victoria* aber wurde fortgesetzt.

Im März 1792 traf das Modell des dritten Pferdes bei Jury ein, es gefiel ihm aber nicht und mußte abgeändert werden. Am 30. Juni 1792 kam Schadow nach Potsdam zur Besichtigung des vierten Pferde-Modells bei den Wohlers und der *Victoria* bei Koehler. Hierzu vermerkt das Protokoll: „Sie ist im Ganzen gut gearbeitet, mit den Pferden verglichen aber etwas zu groß. Sie hat 12 1/2 Fuß Höhe, und die Pferde nur 12 Fuß, vom Huf bis zur Spitze des Ohres. Da aber von der Figur durch den Vorderteil des Wagens mehr als die Hälfte bedeckt wird, so kann dieses Mißverhältnis nicht bemerkt werden. [Dagegen:] Die Flügel dieser Figur sind so auffallend fehlerhaft, daß einstimmig geurteilt wurde, sie könnten unmöglich beigehalten werden."[40] Am 11. Dezember kontrollierte Schadow erneut die *Victoria* in Koehlers Werkstatt. Er ließ Verbesserungen vornehmen und die Flügel um 5 Zoll verlängern und 3 Zoll verbreitern.

Gegen Ende des Jahres 1792 waren die Arbeiten an der Quadriga soweit fortgeschritten, daß Schadow an letzte Details und wohl zum ersten Male an die Aufstellung, Montage und Befestigung denken konnte. Im Dezember 1792 beriet er sich mit dem Bauleiter Carl Friedrich Leßling, wobei festgelegt wurde: „Die Flügel sollten nicht eher angesetzt und befestigt werden, bis die Helmstange im Stein fest eingesenkt und die Figure versetzt wäre. Auf diese selbst passe er eine kupferne Röhre an, welche dicht an 3 oder 4 Kreuzeisen befestigt werde, die alle inwendig an der inneren Contour der Figure anstoßen und von auswendig wieder verfestigt werden. Von diesen Kreuzeisen werden die, die Richtung nach den Flügeln herein haben, so verlängert, daß sie an den äußeren Federn anstoßen, auch eine 3 bis 4 Zoll breite aber nicht starke Form bekommen."[41] Im März 1793 endlich meldete Jury, er sei mit dem 4. Pferd und dem Wagen bis auf das Zusammensetzen fertig. Nun wurden die letzten Vorbereitungen zur Aufstellung getroffen. Am 1. Mai 1793 liefe-te Langhans eine detaillierte Skizze für das Innenleben der Quadriga.

Abb. 9: Ansicht des Brandenburger Tores um 1795. Aquatinta-radierung von Thomas Medland nach einer Zeichnung von John Carr (1723-1807)

Der Transport der Figurengruppe fand schließlich im Juni 1793 statt. „Am 15. Juni berichtete Jury, die Quadriga würde folgenden Tages, Montag, zu Wasser nach Berlin befördert werden und daselbst am Mittwoch abend oder Donnerstag früh eintreffen. Der Schiffer Sarno leitete den Transport auf zwei Kähnen. ."[42] Über den Transportweg und die Aufstellung ist nichts Genaues bekannt. Bis zuletzt waren die technischen Details unklar. Am 10. Juli 1793 fand „über die Stellung des Siegeswagens" eine Sitzung der Akademie der Künste statt. Offenbar ist hier endgültig festgelegt worden, daß sie in Richtung Stadt ziehend aufgestellt werden sollte.

Das bis in die jüngste Gegenwart hartnäckig durch die Medien geisternde Gerücht, die Quadriga habe dereinst zum Tiergarten gewandt gestanden, gründet sich auf ein 1864 entstandenes Gemälde eines Berliner Malers, der den Bildhauer zu dessen 100. Geburtstag auf seine Weise ehrte: Auf diesem Schadow gewidmeten Bild steht die Quadriga zum ersten Mal richtig falsch! Vor dieser Zeit findet man hierfür in Dokumenten oder Zeitungen keinerlei Belege – im Gegenteil. Natürlich ist auch dieses Gerücht von der bereits erwähnten Urgroßnichte Jury's, jener Elise Schmidt, mit dem ihr eigenen Sinn für Kolportage ausgeschlachtet worden. Nach ihrer Darstellung soll sich ganz Berlin zum Kummer des armen Schadow über die der Stadt ihren Hintern zeigende Göttin lustig gemacht haben. Das hätte diesen so geärgert, daß er sie – flugs – habe drehen lassen.

Am Tag nach der Entscheidung über die Ausrichtung der Quadriga, am 11. Juli, verfügte der König, von der vorgesehenen Vergoldung abzusehen: „Ich habe die ... Meinung der Academie der bildenden Künste, betreffend die auf dem neuen Brandenburger Thor in Berlin nunmehro aufgestellte Quadrige gantz gegründet und will daher, daß diese außerordentlich gut gerathene Quadriga nicht verguldet, sondern ihre natürliche Farbe behalte. Friedrich Wilhelm."[43]

Bis heute ist nicht geklärt, ob die Aufstellung vor oder nach dem 10. Juli erfolgt ist, da die Quadriga ebenso wie das Tor mit erstaunlicher Beiläufigkeit der Öffentlichkeit übergeben worden ist. Galt für den Architekten des Tores die Arbeit am 16. August 1793 als abgeschlossen, so war die Quadriga gleichwohl erst im Januar 1795 endgültig fertiggestellt. Denn beim Entwerfen der Siegesattribute, mit denen *Victoria* geschmückt werden sollte, hatte Schadow offensichtlich keine glückliche Hand.

Gemäß dem antiken Vorbild war eine Trophäe ursprünglich eigentlich gar nicht vorgesehen gewesen; erst 1793 wurde sie durch die Akademie der Künste in Auftrag gegeben und von Schadow zunächst als einfacher Speer gestaltet. Unbekannt ist bisher, wer dann das Thema erneut in die Diskussion gebracht hat; in Absprache mit Langhans jedenfalls verfertigte Schadow nun bis November 1793 ein nur schwer zu interpretierendes voluminöses Ensemble, bestehend aus einem Küraß, Schild und Helm, die als Sinnbilder für Kriegsbeute durchaus auch als Symbole für Frieden verstanden werden konnten. Nach eigener Aussage war Schadow selbst unzufrieden mit diesem Arrangement, das im Volksmund mit einer Laterne oder Vogelscheuche verglichen wurde. Dem Mißstand wurde bald abgeholfen: Die neue Version, am 29. November 1794 als Holzmodell auf dem Tor ,erprobt' und im Frühjahr 1795 endgültig montiert, bestand nun aus einem bescheidenem Lorbeerkranz und einer Legionstafel mit darüber schwebendem römischen Adler. Die handwerkliche Ausführung war Jury übertragen worden, der damit die Gelegenheit nutzen konnte, nochmals letzte Überarbeitungen an der *Victoria* vornehmen zu können.

Diese letzte Schadowsche Variante des Siegessymbols ist übrigens im Jahr 1806 unter mysteriösen Umständen abhanden gekommen; die Umstände seines Verschwindens sind bis heute nicht geklärt. Denn nach wie vor ist die Frage offen, ob es überhaupt mit der geraubten Quadriga nach Paris gelangte. Dem Bericht der *Berlinischen Nachrichten*, wonach in der Nacht vom 14. zum 15. August 1806 die Trophäe bei einem heftigen Gewitter „aus ihrer Höhe herabgestürzt und auf dem Straßenpflaster zerschmettert" worden sei, ist allerdings nur geringe Glaubwürdigkeit beizumessen – erschien diese Nachricht doch mit fast fünfzigjähriger Verspätung: am 20. August 1854![44]

Auf die an der Quadriga vorgenommenen Änderungen folgten weitere Detailarbeiten am Tor wie der Einbau der 1814 teilweise durch Beute-Geschützrohre ersetzten gußeisernen Radabweiser. So kann erst für das Jahr 1797 von der tatsächlichen Vollendung des Tores mitsamt der Quadriga gesprochen werden.

Bildwerke und Symbolik

Die von der Quadriga bestimmte Symbolik des Tores wird durch zahlreiche Bildwerke gestützt. Das große Attikarelief *Zug des Friedens* wurde von Johann Christian Unger (1745–1827) und Conrad Boy nach einem von Schadow überarbeiteten Entwurf Johann Bernhard Rodes (1725–1797) ausgeführt. Langhans selbst hat es in seiner Schrift *Promemoria* folgendermaßen interpretiert: Das „Basrelief bedeutet den Schutz der gerechten Waffen, welchen sie der Unschuld leisten. – Auf der anderen Seite würde zu setzen sein; wie durch diese Waffen, Sieben zerstreute Pfeile, wiederum in eins zusammengebunden werden."[45] Und Ulferts erläutert: „Der Viktoria im Siegeswagen gesellt sich, die Quadriga auf dem Tor gleichsam erläuternd, im Relief *Victoria* bei, mit der die Segnungen des Friedens einziehen. Den Weg ebnet ihr Herkules, der keuleschwingend Neid und Zwietracht vertreibt."[46]

In den fünf Durchfahrten werden auf den Trennwänden jeweils durch ein rechteckiges Relief und ein Medaillon die Taten des *Herakles* dargestellt, entworfen von Rode und ausgeführt von Emanuel Bardou (1744–1818), Christian Friedrich Bettkober (1748–1809), Christian Räntz (1751–1794), den Gebrüdern Johann Christoph (1748–1799) und Michael Christoph Wohler (1754–1802) u. a. Die insgesamt 32 Metopen des Gebälks, die Kampfszenen zwischen Kentauren und Lapithen zeigen, stammen von Schadow: „Die Metopen an der Tiergartenseite und die sitzende Figur des Kriegsgottes in einer Nische sind im Stein gearbeitet nach meinen Modellen", präzisierte er seinen Anteil an den Entwürfen selbst[47], die er am 26. September 1792 der Akademie übersandt hatte. Den *Ares* sollte Konrad Boy ausführen, der aber vorher verstarb. Die Arbeit wurde daher Carl Wichmann übertragen. Die *Athena* schuf Johann David Meltzer nach Schadows Vorgaben. Ursprünglich hatte Schadow, wie er am 20. März 1792 an Langhans schrieb, die Statuen *Fleiß* und *Wachsamkeit* bzw. *Stadt Berlin* und *Preußens Schutzgeist* vorgesehen.[48] Die Kombination der Gottheiten *Ares* und *Athena* war nicht zufällig, ordneten sich doch

Abb. 10: Der Triumphzug des Friedens

beide nahtlos in den Urgedanken des Tormottos ein. *Athena* – in der römischen Mythologie *Minerva* – galt als Göttin des Rates und der Klugheit, als Schutzherrin des Staates, des Gewerbes und des Rechts, als Schirmherrin der Städte und der Häfen. Demgegenüber stand der allgewaltige Kriegsgott *Ares* – der römische *Mars* – nicht als Antipode, sondern sein Schwert in die Scheide versenkend und damit all seinen Trabanten Frieden gebietend.

Die Beschreibung im Katalog der Akademie-Ausstellung von 1793, derzufolge die Metopen mit der Darstellung des Kampfes der Lapithen gegen die Kentauren die Kriege Brandenburg-Preußens gegen seine Nachbarvölker symbolisieren sollten, führte später auch zum Versuch der Umdeutung des Tores zum Denkmal für Friedrich den Großen.

Abb. 11: „Herakles bändigt die Stuten des Diomedes", Relieftondo

Eine Friedrich-Ehrung am Brandenburger Tor kann Langhans jedoch nicht im Sinne gehabt haben – wenige Jahre nach dessen Vollendung plante er 1796 im zweiten von mehreren offiziellen Wettbewerben, dem Brandenburger Tor am anderen Ende der Linden einen offenen Rundtempel mit der Statue Friedrichs als Denkmal gegenüber zu stellen. Vielleicht ließ sich davon 1888 Otto Lessing inspirieren, als er den Standort für das ‚Nationaldenkmal' vorschlug: „Das Denkmal des Kaisers [Wilhelm I./d.V.] selbst müßte stehen in der Axe der Charlottenburger Chaussee mit der Front nach dem Brandenburger Thor an der Kreuzung der Siegesallee..."[49]

Am 3. April 1792 bestimmte ein Ministerialerlaß an die Akademie der Künste, daß das Tor ‚Friedenstor' zu nennen sei, der Name habe in Bronzebuchstaben oben am Tor zu stehen.[50] Abgesehen von der nüchtern-preußischen Weisung wurde bisher keinerlei Begründung für diesen doch ungewöhnlichen Schritt gefunden, auch der Urheber ist unbekannt. So wie die Anbringung der Inschrift schließlich unterblieben ist, setzte sich auch diese Bezeichnung nie durch und geriet schnell in Vergessenheit. Schon damals ist dieser Zugang zur Stadt grundsätzlich nur ‚Brandenburger Tor' genannt worden.

In der Zeit zwischen der Aufstellung der Quadriga und der Schmach ihres Verlustes an Napoleon im Jahre 1806 hat sich am Tor nichts nennenswertes zugetragen. Lediglich die Einzüge zu den Hochzeiten der Prinzessin Friederike und der Kronprinzessin Luise am 23. Dezember 1793 sind dokumentiert. Seine anfangs eher elitäre Symbolik gewann erst nach Rückkehr der Quadriga Massenwirksamkeit und qualifizierte das Tor zur Kulisse für die unterschiedlichsten historischen Ereignisse.

2. Symbol der Befreiungskriege (1806–1814)

Der Raub der Quadriga

Am 14. Oktober 1806 schlug Napoleon in der Doppelschlacht bei Jena und Auerstedt die preußische Armee. Wenn auch vorerst das Schicksal der Monarchie unklar war, erwartete doch jedermann den Einzug des großen Korsen in die Hauptstadt des geschlagenen Preußen und die damals übliche hohe Kontribution. Berlin sollte und konnte keine Ausnahme bilden.

Auch in anderer Hinsicht reihte sich Berlin, ja ganz Preußen, unter die Verlierer ein. Nicht mehr allein der militärische Sieg befriedigte den französischen ‚Ursupator'. So schrieb der Kunsthistoriker Paul Wescher: „Obwohl Napoleon, wie wir wissen, selbst wenig Kunstverständnis besaß, erkannte er doch schon früh den Prestige- oder Propaganda-Wert, den Künste und Wissenschaften für jedes Regime, jedoch in besonderem Maße für ein neues und »illegitimes«, weil revolutionäres, Regime besaßen. … auf italienischem Boden hatte die Vergangenheit selbst dem Raub der Kunstwerke … höhere Bedeutung verliehen … und Napoleon mit seinem angeborenen Sinn für politisch-theatralische Wirkungen setzte die Geste in die Tat um, indem er zum ersten Mal die Auslieferung von Kunstwerken als eine der Bedingungen in seine Waffenstillstands- und Friedensverhandlungen aufnahm."[51]

Für diese Aufgabe hatte er einen ‚Kunstexperten' verpflichtet, den „alten, würklich guthmüthigen, gemüthlichen" Baron Dominique Vivant Denon (1747–1825). Als Zeichner und Kunstsachverständiger hatte er Napoleon schon 1798 nach Ägypten begleitet. Denon verfügte über einen erlesenen Geschmack und gute Manieren und war, wie Wilhelm Treue meinte, der „vielleicht bedeutendste Experte und die fleißigste, künstlerischste und höflichste Persönlichkeit in der Geschichte des Kunstraubes."[52]

Als Napoleon sich der Stadt näherte und in Potsdam Quartier bezog, begannen die Hofbeamten besonders kostbare Schätze der königlichen Sammlungen und wertvolle Kunstwerke aus den Schlössern zu räumen. Viele künstlerisch wertvolle oder historisch wichtige Bilder und Skulpturen gelangten auf diese Weise nach Küstrin und Stettin und blieben somit vor den Augen des französischen Kaisers verborgen. Groß-Plastiken wie die Quadriga waren jedoch auf diese Weise nicht in Sicherheit zu bringen.

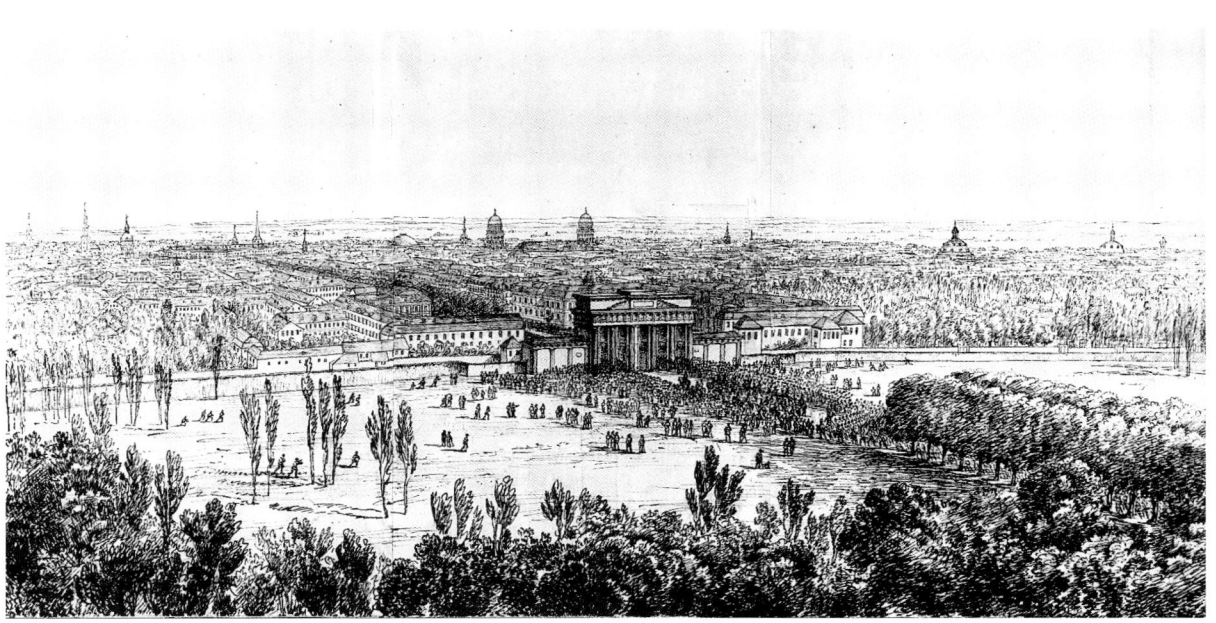

Abb. 12: Einzug Napoleons I. in Berlin, 27. Oktober 1806. Federzeichnung von Guiseppe P. Bagetti

Napoleon zog am 27. Oktober 1806 durch das Brandenburger Tor in Berlin ein. Von den Bürgern der Residenz wurde er mit gemischten Gefühlen begrüßt. Der preußische Spießer schrie ‚Vivat!', der obrigkeitsbeflissene Beamte neigte sich zum ‚Bückling' und der Patriot ballte die Fäuste – in den Hosentaschen. Vom Tor selbst, seiner Bedeutung und Symbolik, scheint dem französischen Kaiser bis dato nichts bekannt gewesen zu sein – kein Brief, keine Notiz, kein Gesprächsvermerk, kein wie auch immer gearteter Hinweis. Daß ihm aber die prinzipielle Bedeutung solcher Monumentalplastiken wie der Quadriga durchaus bekannt war, ist aus dem von ihm befohlenen Raub der Pferde von San Marco in Venedig zu schließen. Zumal diese Pferde wie die Quadriga nach Paris entführt worden waren, ohne daß es konkrete Pläne für ihre jeweilige Wiederverwendung gegeben hätte.

Spätestens am Tag darauf war auch Denon mit zwei oder drei Assistenten, u.a. dem Elsässer Maler Benjamin Zixt, in Berlin und nahm Quartier in der Leipziger Straße beim Kammerrat Pi(e)per. In Begleitung von Alexander von Humboldt suchte er am 2. November Schadow in seinem Atelier auf, ohne daß die Quadriga thematisiert wurde. „Er sagte, der Kaiser schicke ihn, in der Voraussetzung, bei mir sey das Denkmal Friedrich's des Großen in Arbeit: ich solle ruhig fortarbeiten, und würden die erforderlichen Gelder mir angewiesen werden. Er war verwundert, als ich ihm nachwies, daß längst schon diese Idee ruhe."[53]

Am 17. November erschien Denon wieder, diesmal nicht in Begleitung von Humboldt. Schadow schrieb darüber in seinen Erinnerungen: „Denon, der sich durch seine Beschreibung von Ägypten einen guten Namen gestiftet hat, den jedoch die französischen Generale »nôtre voleur à la Suite de la Grande Armée« [unser Dieb im Gefolge der Grande Armee/d.V.] nannten, kam, um die Abnahme der Quadriga vom Brandenburger Tore anzuordnen, wozu denn der Kupferschmied Jury von Potsdam herbeigerufen wurde. Zugleich mußte der Baurat Becherer die Rechnungen von den Kosten dieser Gruppe aus den Akten herbeischaffen. Im Schlosse wurden mit gleichem Fortschritt in bald fertigen Kisten Gemälde und antike Marmors verpackt."[54]

Schadow und Becherer wandten sich daraufhin mit einer – auch von anderen unterschriebenen – Bittschrift an den Kaiser, in der sie diesen beschworen, von der geplanten Maßnahme abzusehen, denn die Quadriga würde „Abnahme und Transport schwerlich aushalten und dergleichen. Er [Denon/d.V.] kam wieder und sagte: wenn der Kaiser auch geneigt wäre, solche stehen zu lassen, so sey dies nun zu spät, denn die Armee habe es verlangt."[55] Es scheint, als habe Napoleon den Brief nie zu Gesicht bekommen, er wurde von General Henri-Gratien Bertrand abgefangen und die Bitte abgeschlagen. Schadow blieb nichts anderes übrig, als Jurys Potsdamer Anschrift preiszugeben. Bei der Lektüre von Schadows Bericht hierzu kann man sich allerdings des Eindrucks nicht erwehren, daß dieser auch ein wenig stolz auf die seinem Werk gewidmete Beachtung war.

Am 18. November ließ Denon Jury in Potsdam abholen. Am 26. November erhielt der Baron für die „Abnahme und Verpackung der Quadriga" 6.000 Francs zur Bezahlung Jurys und der Hilfskräfte. Zwischen dem 2. und 8. Dezember nahm Jury die Quadriga grob auseinander und herunter, die Teile wurden vorerst neben dem Tor gelagert. Entgegen des bisher in der Literatur dargestellten direkten Abtransports der 12 Kisten vom Tor wurde die Quadriga zuvor in das von der französischen Besatzung als Stall, Magazin und Feldschmiede genutzte Zeughaus gebracht und dort weiter in ‚handliche' Teile zerlegt.

Am 21. Dezember verließ die Quadriga Berlin. Über Spree, Havel und Elbe ging es nach Hamburg, wo sie umgeladen wurde und schließlich – offenbar über Rotterdam – rheinaufwärts nach Metz gelangte. Auf dem Landweg ging der Transport nach St. Dizier und sodann über die Marne oder über das Kanalsystem nach Paris.

Abb. 13: Der Pferdedieb von Berlin. Karikatur auf Napoleons Raub der Quadriga, Radierung um 1813

Die Quadriga in Paris

Am 17. Mai 1807 meldeten Zeitungen aus Paris, daß in dem in unmittelbarer Nachbarschaft zum Louvre gelegenen Hafen St. Nicolas 80 bis 100 große Verschläge angekommen seien, „welche die Antiquitäten von Berlin und Potsdam wie auch den Wagen enthalten, den man auf dem Brandenburger Thore zu Berlin bewunderte. Früher waren schon 150 Kisten bei dem Museum Napoleon eingetroffen, welche die besten Gemälde von Hessen-Cassel und andere kostbare Gegenstände aus Braunschweig und Wolfenbüttel enthielten." Ferner wurde vermerkt, daß der Transport der Quadriga „zahlreiche Beschädigungen" herbeigeführt hatte – das Bildwerk mußte dringend in eine Werkstatt.

Am 16. Juni 1807 schrieb Denons Stellvertreter Lavallé dem Hofarchitekten Pierre Fontaine, daß er mit der Aufsicht über die Instandsetzung der Quadriga beauftragt sei und von ihm Unterstützung bei der Requirierung der Louvre-Orangerie als Werkstatt erbitte. Da die Schadensbeseitigung nicht mehr als drei Monate beanspruchen werde, könne die Orangerie im Herbst wieder zweckentsprechend genutzt werden. Am 12. September aber mußte Denon dem Orangeriedirektor schriftlich mitteilen, daß die Schäden an der Quadriga wesentlich größer seien als angenommen und daß die Orangerie zu ihrer Restaurierung noch weiterhin benötigt würde. Auch sei die nochmalige Umsetzung des geschädigten Bildwerkes in eine andere Werkstatt nicht möglich. Nachdem der Kaiser selbst von der notwendig gewordenen weiteren Belegung der Orangerie – die jedoch angesichts des nahenden Winters für die Einlagerung der Orangenbäume benötigt wurde – erfuhr, ließ er dem Direktor des ‚Hôtel des menus plaisirs', dessen Werkstätten als zukünftiger Aufenthaltsort für die Quadriga vorgesehen waren, mitteilen: „Verzögerungen können Ihnen viele Unannehmlichkeiten bereiten ... Um die Orangenbäume, denen der Frost droht, unterzubringen, wird die Quadriga verlagert, und die Gegenstände, die sich jetzt dort befinden, brauchen unter allen Umständen die Räume [in den ‚menus'/d.V.]. Also keine Verzögerungen mehr und stellen [Sie] Herrn Canlers keine Hindernisse mehr in den Weg, da er sich, fände er die Werkstatt nicht frei, nicht rühren würde und dadurch unsere großen Orangenbäume vielleicht dem frost erliegen könnten."[56] Am nächsten Tag war die bis dato anderweitig genutzte Werkstatt geräumt und Canlers bekam freie Hand für die weiteren Reparaturarbeiten.

Mit Charles Stanislas Canlers, geboren 1776 in Tournai und gestorben als Opfer eines Mordanschlages 1812 in Paris, tritt einer der vielen großen Unbekannten in der Geschichte der Quadriga auf. Bis auf die Geburtsdaten sowie die Tatsache, daß Canlers an der École des Beaux-Arts zum Bildhauer, Erzgießer und Ziseleur ausgebildet worden war, finden sich in den Dokumenten der Pariser Archive keinerlei Hinweise auf Lebensweg und Werk oder auch nur auf die mysteriösen Umstände seines Todes; bekannt sind nur seine Skulpturen für die Vendôme-Säule. Ebenso diffus wie die Person Canlers blieb die Reparatur der Quadriga im Detail. Abgesehen von dem doch großen Aufwand – die Rechnungen ergeben allein für Canlers eine Summe von 13.887 Francs – kann bisher keine Spezifizierung der Leistungen vorgenommen werden. Bei den Abformungsarbeiten 1942 wurde vermutet, daß sogar ein ganzes Pferd in dieser Zeit neu getrieben worden sei.

Nach wie vor ist unklar, welche Pläne Napoleon mit der Berliner Quadriga hatte. Zwar gibt es verschiedene, dokumentarisch belegte Hinweise auf Varianten der weiteren Verwendung, definitiv entschieden hat Napoleon aber bis zu seiner Abdankung erstaunlicherweise nichts. Am 30. Mai 1807 hatte der Kaiser aus seinem damaligen Hauptquartier Finckenstein bei Marienwerder geschrieben, daß die Quadriga zum im Bau befindlichen ‚Ruhmestempel‘ La Madeleine gehöre und dort ein Aufstellungsort zu benennen sei. Denon hielt dies für wenig praktikabel und verwies Napoleon am 9. September auf den geplanten Arc de Triomphe oder den Pont Neuf, wo bis 1792 ein Reiterstandbild Henri IV. gestanden hatte. Vage Hinweise deuten auf Napoleons zwischenzeitliche Absicht, die Berliner Beute auf dem 1806 von Pierre Fontaine unter der Aufsicht Denons begonnenen Arc de Triomphe du Carrousel aufzustellen. Als der plastische Bildschmuck des Triumphbogens 1809 vollendet war, krönten ihn aber die in Venedig geraubten Pferde von San Marco – nicht die Quadriga. Das Rätsel löste sich spätestens 1828, als das endgültige ‚französische‘ Bildwerk, eine Bronzegruppe von Charles Joseph Bosio und François Frédéric Lemot, den 1815 zurückgegebenen venezianischen Rössern nachgefolgt war. Mit einer Höhe von 3,5 m und einer Breite von 3,0 m entsprach sie – anders als das Berliner Gespann – den Proportionen des Triumphbogens. Darüber hinaus erwies sich der Platz auf der Aufstellfläche für eine Skulptur mit den Ausmaßen der Quadriga als völlig unzureichend.

Was nach der Reparatur mit der Quadriga geschah, geht aus den uns bisher überlieferten Akten nicht hervor. War die Quadriga im ‚Musée Napoléon‘, dem Louvre, aufgestellt worden oder hatte man die Figuren nur in ein Versteck im Faubourg Poissonière gebracht? Wie Hermann Grimm dem Dichter Heinrich Heine überliefert hat, soll sein Onkel Jacob Grimm im Frühjahr 1814 in den Tuilerien lustgewandelt sein, er hatte „ein Düte Kirschen in der Hand ..., und, die gute Gelegenheit benutzend, setzte er sich in den Wagen, um zu Füßen der Göttin und in aller Bequemlichkeit seine Kirschen zu verspeisen."[57] Werden diese widersprüchlichen Meldungen wohl je miteinander in Einklang gebracht werden können?

Die Rückkehr der Quadriga

Als im Jahr 1810 ein Leichenzug die überaus populäre Königin Luise auf ihrem letzten Weg zum Charlottenburger Mausoleum durch das Brandenburger Tor geleitete, ragte anstelle der Quadriga aus der Attika wie ein Stachel der von den Franzosen nicht entfernte Halterungsstab der Göttin kahl hervor und unterstrich das ganze Ausmaß des Niedergangs von Preußens Ruhm. Hatte der frühe und unerwartete Tod der Königin, die aufgrund ihrer Sympathien für die preußischen Reformen zum Genius des wiedererwachenden Preußen stilisiert worden war, die zunehmend patriotische Bevölkerung ohnehin tief getroffen, so mußte dieser nackte Stab auf dem Tor die Gemüter umso mehr erregen.

In Berlin waren die Rufe nach Rückkehr der Quadriga nie verstummt. In den *Neuen Fakkeln* etwa wurde gereimt: „O! Friedrich Wilhelm, diesen Wagen/Laß ja dem Feinde nicht!/Wir bitten drum, und müßten wir selbst tragen/Sein centnerschwer Gewicht..."[58] Im Laufe der Jahre war jedoch die Hoffnung auf eine Rückkehr in absehbarer Zeit offenbar aufgegeben worden, vielen galt sie ohnehin als verschollen.

Tatsächlich trügt die an sich naheliegende Annahme, daß nach Napoleons Untergang, einer Rückführung der Quadriga nichts mehr im Wege gestanden haben dürfte. Denn Denons Museum und seine ‚Kunstmaschinerie' waren zu gut organisiert, als daß die preußischen Militärs und Diplomaten die sofortige Rückgabe der Kunstwerke hätten erzwingen können. Zunächst bedurfte es regulärer Waffenstillstandsverhandlungen und eines Friedensvertrags, in dem hierüber Vereinbarungen getroffen wurden. Nichts aber kennzeichnet den politischen Symbolwert, den die Quadriga inzwischen angenommen hatte, deutlicher, als die Tatsache, daß für sie diese Zurückhaltung nicht galt. Sie und der Degen Friedrichs des Großen wurden außerhalb des Protokolls zurückverlangt und – herausgegeben.

Am 4. April 1814, also nur wenige Tage nach dem Einmarsch der Alliierten

Abb. 14: Der Sieg der Quadriga über die Fesseln Napoleons, Karikatur auf die Rückführung der Göttin, um 1914

46

in Paris, gelang es dem Generalintendanten des preußischen Heeres, Friedrich Wilhelm von Ribbentrop (1768–1841), die Quadriga ausfindig zu machen. Nach seinen eigenen Bekundungen soll dies recht mühevoll gewesen sein. Militärkuriere brachten die Nachricht aus Paris nach Preußen. Es sei „gelungen, den von dem Kaiser Napoleon im Jahre 1807 [von Berlin/d.V.] weggeführten Siegeswagen nebst die Pferde [in Paris] wieder aufzufinden". Alles sei in „bestem Zustand". „Sr. Majestät haben befohlen, daß die Zurückbringung nach Berlin augenblicklich geschehen solle", aber – und das ist seltsam –

Abb. 15: „Glockengeläut und Kanonendonner erscholl" bei der Heimkehr der Quadriga nach Berlin, Holzstich nach Gemälde, 1896

heimlich. Denn an keiner Stelle wird dieses Verlangen nach Geheimhaltung begründet. Andererseits, wie hätte man allen Ernstes einen Zug von 32 Pferden, mehreren Wagen, Fuhrleuten und Soldaten über 900 km geheimhalten wollen?

Den Transportauftrag erhielten zwei französische Spediteure – Georges Simon aus Metz und ein Herr Cochard – oder Cochart – aus Châlons. Diesmal waren es 15 Kisten – „15 caisses contenues objets de luxe". Dafür sollen sechs große Frachtwagen und 32 Pferde benötigt worden sein.

Am 21. April verließ die Quadriga Paris. Die Route führte über Compiègne, Noyon. la Fère, St. Quentin (21. April), Beaumont, Brussel (4. Mai), Tirlemont, St. Truiden, Louvain, Lüttich (8. Mai), Aachen (9. Mai) und Jülich am 10. Mai über den Rhein, es folgten Düsseldorf (11. Mai) und Elberfeld (12. Mai). Am 13. Mai erreichte der Konvoi in Schwelm/Westfalen preußisches Territorium und zog weiter bis Hagen. Es folgten Unna (14.), Hamm (15.), Soest (16.), Lippstadt (17.), Rietberg (18.), Bielefeld, Herford (20.), Neusalzwerk, Minden, Preußisch Klus (22.), Bückeburg, Probsthagen, Stadthagen (23.), Hannover (25.), Burgdorf (27.), Peine (28.), Braunschweig (29.), Hessen, Dardesheim, Aspenstedt (31. Mai), Halberstadt, Kroppenstedt, Egeln (1. Juni), Schönebeck (2.), Gommern (3.), Magdeburg, Möckern (4.), Ziesar (5.), Brandenburg, Rogäsen, Caputh, Werder, Potsdam (7.), Zehlendorf b. Berlin (8.).[59]

Daß wegen zu hoch gepackter Wagenladungen die Stadttore von Tirlemont, St. Truiden, Louvain und Aachen abgebrochen werden mußten, dürfte in den Bereich der Fama zu verweisen sein. Gerüchte wie dieses verdeutlichen jedoch den zunehmend stärker werdenden Symbolwert dieses Kunstwerkes, der durch die Berichte in den Zeitungen noch einmal gesteigert wurde. Hier wurde

47

die Quadriga zum Siegessymbol stilisiert und umgedeutet: „Der Siegeswagen vom Brandenburgischen Thore zu Berlin ist, von Paris kommend, in Kisten verpackt auf sechs Wagen heute [4. Mai 1814] hier [in Brüssel] eingetroffen und setzt morgen seinen Weg nach Berlin fort". „Gestern [8. Mai] sah man ungeheure Kisten auf mehreren Wagen hier [in Aachen] durchfahren; sie enthielten den Triumphwagen, den man von Paris nach Berlin führt". „Sobald Se. Exzelenz der General-Gouverneur vom Nieder-Rhein am Abend des 7ten [Mai] vernahmen, daß [der Siegeswagen] hier [in Aachen] ankommen werde, beschlossen sie, der hier anwesenden Offiziere in Person einzuholen und mit militärischen Ehren durch die Stadt fahren zu lassen; aber unglücklicher Weise wurde Hochdenenselben über die Zeit seines Eintreffens von Lüttich aus nichts gemeldet, und ehe noch die Vorbereitungen getroffen waren, kam bereits der Wagen hier an."[60]

In vielen Durchfahrtsorten kam es zu meist spontanen Kundgebungen und Volksfesten. So in Düsseldorf: „Schon mehrere Stunden vorher war die ganze Gegend bei dem neuen Hafen mit Menschen bedeckt. Sobald man die Wagen, auf welchen jenes Kunstwerk transportirt wird, auf dem jenseitigen Ufer des Rheins erblickte, wurden sie auf dem diesseitigen mit allgemeinen Jubelgeschrei bewillkommt, und die zum Behuf der Ueberfahrt damit beladenen Kähne wurden, als sie diesseits in den neuen Hafen einliefen, von den am Ufer versammelten Stadt-Behörden unter Kanonendonner und unter dem Läuten aller Glocken empfangen".[61] Der erste preußische Ort, „Schwelm, in der Grafschaft Mark, gab seine Freude über dieses glückliche Ereigniß durch eine Inschrift zu erkennen, die an einem der großen Verschläge, welche die verschiedenen Theile der Quadriga enthielten, angeheftet wurden."[62]

In der Nacht zum 9. Juni 1814 fuhr der Konvoi die vorerst letzte Etappe von Potsdam über die Glienicker Brücke und die Königstraße, die Friedrich-Wilhelm-Brücke – heute Wannseebrücke – und nördlich am Schlachtensee vorbei zum Jagdschloß Grunewald, der Berliner ‚Werkstatt' für die neuerliche Reparatur des Viergespanns. Friedrich Moser, vom Oberhofbauamt als Leiter der Wiederaufstellung eingesetzt, berichtete am 19. Juni: „Der Herr Regierungs-Präsident v. Bassewitz gab mir in der Nacht vom 8. und 9. Juny, im neuen Krug am Wannsee, wo ich den Transport erwartete, die schriftliche Nachricht, daß die Wagen ungeheuer groß und schwer wären, und die ... Pferde solche nicht nach dem [Schloß/d.V.] Grunewald würden bringen können. ... Ich sandte sogleich Jemand nach Zehlendorf und ließ 24 Postpferde holen, die auch noch früher als der Transport, der um 5 Uhr am Wannsee ankam, da waren, und selbst mit diesen Pferden konnten die Wagen, besonders in dem Sande und auf den Bergen, nur bei der größten Anstrengung fortgeschafft werden, weil sie sehr schwer und zu stark gebaut sind. Der Transport bestand aus 3 zwei- und 3 vierrädrigen Wagen..."[63]

Groß war das Entsetzen jedoch, als Moser die Kisten mit der Quadriga öffnete... Was er dort sah, hat er in einem Bericht festgehalten, der, von der Forschung bisher unbeachtet, von besonderem Interesse ist, da hier einige Spekulationen über in Paris angeblich ausgeführte Arbeiten – auch über das angeblich dort neugeschaffene Pferd – relativiert werden können.

„Die Bemerkung des Herrn v. Ribbentrop in dem Bericht vom 25. April d. J., daß Napoleon Bonaparte in Paris 21.000 Francs auf die Instandsetzung hat verwenden müssen, weil in Berlin die Verpackung zu sorglos betrieben war, kann sehr richtig als eine französische Prahlerei dort gesagt worden sein; erklärbar ist es mir aber nicht. Wenigstens ist an den zurückgekommenen Pferden und Zubehör nicht zu sehen, daß etwas Solides an der Instandsetzung in Paris vorgenommen ist, denn alle Verbindungs- und Unterstützungsmittel durch Schrauben und Schienen sind noch so abgebrochen und abgerissen zurückgekommen, wie

Die Quadriga wird vom Jagdschloß Grunewald nach dem Brandenburger Tor gebracht.
30. Juni 1814.

Abb. 16: Die Quadriga auf dem Weg vom Jagdschloß Grunewald zum Tor, Federlithographie nach Zeichnung, um 1914

sie hingekommen sind, ohne diese konnte das Ganze nie aufgesetzt werden...

Außer ... einigen Kleinigkeiten, z. B. einem neuen Ohr, welches hier in Berlin nach der Versicherung des p. Jury durch einen Blitzstrahl von einem Pferdekopf abgeschmolzen, ist für jene 21.000 Francs in Paris nichts Bedeutendes an dem Siegeswagen geschehen.

Die einzelnen Stützen sind jetzt von dem p. Jury genau untersucht, und gestern [18. Juni/d.V.] ist das letzte Stück, der Untersatz vom Wagen auseinandergenommen...

Die Pferde sind jetzt durch den p. Jury wieder zusammengesetzt, doch nur mit Hauptheften; das complette Zusammenfügen kann nur geschehen, wenn die Pferde feststehen, bis dahin ist es besser, daß die Körper etwas nachgeben können."[64] – Dieser Passus entkräftet den Argwohn, daß in Paris ein ganzes Pferd in dieser Zeit neu getrieben worden sei. Denn als deren Hersteller hätte Jury mit Sicherheit unter ‚seinen‘ Pferden ein fremdes bemerkt – er äußerte nicht einmal einen Verdacht.

Der weitere Bericht ist niederschmetternd: Beulen, Risse, beim Abbau 1806 gewaltsam getrennte Verbindungen, fehlende Schrauben und Satteldecken etc. Trotzdem gab Moser das – nach heutigen Maßstäben – waghalsige Versprechen, daß alles, „was von der Aufstellung an den Pferden und dem Wagen gemacht werden kann, wird in 14 Tagen beendigt sein, denn ich habe alles dazu Nöthige eingeleitet und in Arbeit gegeben."[65] In der Eile wurden aber horizontale Streben in der Stützkonstruktion weggelassen, was fatale Folgen für die Stabilität hatte und erst 1926 korrigiert werden konnte.

Auch für eine wichtige, bislang versäumte Maßnahme am Tor sorgte Moser: „Das Brandenburger Thor hat keinen Gewitterableiter, ungeachtet das Ganze wegen der Kupferbekleidung einen Gewitterfänger macht. Ich stelle ganz gehorsamst anheim, ob bei dieser Gelegenheit nicht ein oder zwei Ableiter angebracht werden sollen, besonders da die Anfertigung derselben, da die Plattform schon Metall ist, nicht schwierig oder kostbar wird."[66]

Kreuz und Eisen

„Die Stange, welche die Figur in der Hand hat, ist mit einer lanzenartigen Spitze versehen", hielt der Baumeister Moser nach der Inspektion der Quadriga fest, und fuhr fort: „Ich habe von dem Assessor Schinkel erfahren, daß schon Sr. Majestät dem Könige Ideen eingereicht sind, um der Figur etwas mehr Bezughabendes auf die jetzigen Zeitereignisse in die Hand zu geben..."[67] Moser meinte damit das Eiserne Kreuz.

Bereits im Zuge der Erhebung Preußens gegen Napoleon 1813 hatte es ernstzunehmende Überlegungen gegeben, anstelle der Quadriga, die ja als verschollen galt, ein 3 bis 4 Meter hohes Eisernes Kreuz auf dem Brandenburger Tor aufzustellen. Schinkel, der dieses Kreuz als Befreiungskriegsorden eigenhändig entworfen hatte, war von diesem Plan jedoch keineswegs entzückt, wie er in einem Brief aus London vom 14. Mai 1814 nachträglich bekannte: „So schön der Gedanke an sich ist so ward doch ... allgemein gefühlt, daß ein Vandalismus darin liege: auf eine entstellende Art an einem schönen Monumente ... zu wirken ... Ein Kreuz als ein in einem einzigen Begriff abgeschlossener, keiner unendlichen Ausbildung fähiger Gegenstand kann ebensowenig als etwa ein Quadrat oder ein Dreieck zu einem Kunstwerk erhoben oder mit einem vorhandenen Kunstwerke ... verbunden werden..."[68]

Als nach der am 31. März erfolgten Einnahme von Paris und der Auffindung der Quadriga am 4. April von solcherlei Plänen Abstand genommen werden konnte, wurde Schinkel am 16. Mai vom Kabinettsrat Daniel Ludwig Albrecht der Wunsch des Königs übermittelt, das Eiserne Kreuz zumindest als Schmuck am Tor unterzubringen. Am 12. Juni – die Quadriga war bereits im Grunewald angelangt – genehmigte der Monarch Schinkels Vorschlag, dieses so zu gestalten, daß es als Siegeszeichen in einem Eichenkranz der Göttin in die Hand gegeben werden konnte. Schinkels neues Siegessymbol – Eisernes Kreuz im

Eichenkranz unter preußischem Adler – wurde von der Firma Ferdinand Thielemann montiert.

„Die Quadriga oder der vierspännige antike Wagen, in welchem die Siegesgöttin mit dem *Vexillum* und einem eisernen Kreuz in einem Lorbeerkranze, über dem man den Preußischen Adler erblickt, steht, ist eine herrliche Gruppe..."[69] schwärmte 1834 Leopold von Zedlitz und offenbarte damit dreierlei: Unkenntnis über den Kranz – es war und ist ein Eichenkranz –, eine objektive Bewertung der künstlerischen Qualität der Gestaltung durch das Verschweigen des Urhebers – und vor allem: die Umdeutung der Friedens- in eine Siegesgöttin, die sich während der Freiheitskriege vollzogen hatte. Aus *Eirene* war nun endgültig *Victoria* geworden.

Abb. 17: Eisernes Kreuz und Adler

Es ist auffallend, daß in der Geschichtsschreibung Schinkels Urheberschaft für das Eiserne Kreuz erst seit der Jahrhundertwende zunehmend Bedeutung beigemessen wird. Kann dies als Autoritätsbeweis für die künstlerische Güte der Schöpfung als Ersatz für ein Bekenntnis zu ihrem Sinngehalt gedeutet werden? Oder als Ausdruck der Verdrängung – insbesondere in der Zeit nach 1945? Die Parallelen sind zu auffällig... Um es vorweg zu nehmen: Gestalterisch ist es kaum eine so originäre Schöpfung, als daß es als Beweis des künstlerischen Vermögens seines Schöpfers taugen könnte. Das Kreuz war vielmehr zu dieser Zeit bereits die traditionellste Ordensform, Variationsmöglichkeiten bot nur noch das Detail. Nach der Überlieferung einer Skizze König Friedrich Wilhelms III. folgend, verwandte Schinkel die Grundform des sich geometrisch aus dem Quadrat und vier Kreisabschnitten herleitenden Tatzen- oder Mantuanischen Kreuzes, das in Europa als christliches Symbol bereits aus den römischen Katakomben des 4. Jahrhunderts bekannt war.

In mehrfacher Hinsicht ist der 17. März 1813 als Geburtstag des berühmten, später in Mißkredit gebrachten Eisernen Kreuzes anzusehen. An diesem Tage, an dem der König seinen Aufruf *An mein Volk* unterzeichnete, der entsprechend dem ihm eigenen zögerlichen Verhalten im Bekenntnis gegen Napoleon erst am 20. März veröffentlicht wurde, gab Friedrich Wilhelm III. noch zwei weitere bedeutsame Unterschriften. Mit der Schlußformel „Gegeben Breslau, den 10. März 1813 (LS) Friedrich Wilhelm", offiziell zurückdatiert auf den Geburtstag der 1810 verstorbenen populären Königin Luise, sanktionierte er die Stiftung des Eisernen Kreuzes als Kriegsauszeichnung. Die gleichzeitig von Scharnhorst entworfene *Verordnung über die Organisation der Landwehr* verpflichtete alle Männer zwischen dem 17. und 40. Lebensjahr, die zu keinen anderen regulären Formationen eingezogen wurden, zum Kriegsdienst, Teil der erstmals eingeführten allgemeinen Wehrpflicht. Und diese Landwehr trug ein weißes Emaillekreuz in Form des Eisernen Kreuzes als Kokarde...

Den endgültigen Entwurf des Eisernen Kreuzes legte Schinkel erst wenige Tage nach der offiziellen Stiftung vor, die Wachs und Gußmodelle fertigte Friedrich Ludwig Beyerhaus (1792 – nach 1865) in der Königlichen Eisengießerei Berlin an. Am 2. April 1813 schließlich wurde das Kreuz erstmals verliehen.

Die Notwendigkeit dieses in mehrfacher Hinsicht ungewöhnlichen Ordens begründete die Stiftungsurkunde u.a. wie folgt: „Daß die Standhaftigkeit, mit welcher das Volk die unwiderstehlichen Übel einer eisernen Zeit ertrug, nicht zur Kleinmütigkeit herabsank, bewährt der hohe Muth, welcher jetzt jede Brust belebt, an welcher nur auf Religion und auf treue Anhänglichkeit an König und Vaterland sich stützend ausharren konnte. Wir haben daher beschlossen, das Verdienst, welches in dem jetzt ausbrechenden Kriege entweder im wirklichen Kampf um Freiheit und Selbständigkeit erworben wird, besonders auszuzeichnen und diese eigenthümliche Auszeichnung nach diesem Kriege nicht weiter zu verleihen."[70]

Das Eiserne Kreuz wurde in zwei Klassen verliehen, der Besitz der zweiten war Voraussetzung für die Verleihung der ersten Klasse, die durch ein zusätzliches, links zu tragendes Stoffkreuz hervorgehoben wurde. Die militärische und die zivile Variante unterschieden sich in den Streifenanordnungen des schwarz-weißen Ordensbandes. Für Heerführer – wenigstens in dieser Region der Hierarchie konnte die für Preußen neuartige Gleichmacherei vermieden werden – war das am Hals zu tragende Großkreuz bestimmt. Als Sonderanfertigung erhielt Generalfeldmarschall von Blücher nach dem Sieg von Waterloo 1815 den sogenannten ‚Blücherstern' verliehen, ein ‚normales' Eisernes Kreuz auf einem achtzackigen Goldstern.

Die Gestaltung des neuen Ordens beschrieb § 2 der Stiftungsurkunde: „Beide Klassen haben ein ganz gleiches in Silber gefaßtes schwarzes Kreuz von Gußeisen, die vordere Seite ohne Inschrift, die Kehrseite zu oberst Unsern Nahmensszug FW. mit der Krone, in der Mitte drei Eichenblätter und unten die Jahreszahl 1813."[71] Seit 1814 wurde die Auszeichnung auch an Truppenteile verliehen.

Von der Erstverleihung am 2. April 1813 bis zum Einmarsch in Paris am 30. März 1814 wurden 6.639 EK II und 331 EK I sowie drei Großkreuze verliehen. Sie waren mit dem Schinkelschen Entwurf nicht ganz identisch, aus technischen Gründen wurden sie in Details von den ausführenden königlichen Eisengießereien Berlin und Gleiwitz verändert. Besondere Schwierigkeiten bereitete der silberne Rand. Ein königlicher Erlaß verfügte 1838, daß die Rückseite – nur sie war gestaltet – sichtbar nach vorn zu tragen sei. Welchem Betrachter ist eigentlich aufgefallen, daß Schinkel bereits 1814 im Eisernen Kreuz des Siegeszeichens der Quadriga dem vorgriff?

Die besondere Ausstrahlung des Eisernen Kreuzes beruhte schon in seiner ursprünglichen – wie die Stiftungsurkunde ausweist, einzig legitimen – Zeit auf mehreren Komponenten. Im ersten nationalen Befreiungskrieg in der preußischen Geschichte war es auch die erste staatliche Militärauszeichnung, die unabhängig vom Rang sowohl an Mannschafts- als auch an Offiziersdienstgrade verliehen wurde. Theoretisch – es gab ja auch das Großkreuz. Das

Selbstverständnis der etablierten feudalen Obrigkeit hatte der König selbst Ende Februar in einem Brief zum Ausdruck gebracht: „... da Jedermann doch weiß, wenn er den General und den Soldaten mit derselben Dekoration erblickt, daß der General sich diese Dekoration durch Verdienst in seiner Wirksamkeit, der Soldat aber nur in seiner beschränkten Sphäre erworben haben kann, und ebenso in Civil."[72]

Mit dieser Auszeichnung kam Friedrich Wilhelm III. prophylaktisch gewissen demokratischen Tendenzen entgegen, die dem neuen Charakter des preußischen Heeres als Volksheer gegenüber dem bisherigen Söldnerheer entsprangen. Zugleich aber setzten die Initialen „FW." unter der Krone ein Zeichen für die Königstreue gegenüber einer aufkeimenden Vaterlandsstimmung.

Erstmals bestand ein preußischer Orden, auch von Generalen und Marschällen getragen, aus simplem, unedlem Eisen. Aber dieses Metall, als Gußeisen weitaus beständiger als gemeinhin angenommen, war ungemein volkstümlich. Die Losung „Gold gab ich für Eisen" war keine platte Parole geblieben, sondern hatte als Quelle zur Finanzierung der Heeresausrüstung große Teile des Volkes erfaßt. Als symbolisches moralisches Äquivalent für abgegebenes Edelmetall gab es einfachen Eisenschmuck oder -plaketten mit einer Widmung.

Die Bedeutung des Eisernen Kreuzes, sein allgemein anerkannter Symbolgehalt, dokumentiert sich nicht zuletzt in einer zeitgenössischen rigorosen ‚Vermarktung'. Es zierte Gebrauchs- und Schmuckporzellan, Denkmale, Grabstätten und Truppenfahnen. Das Schinkelsche Kreuzbergdenkmal, das Grabmal Scharnhorsts auf dem Invalidenfriedhof, das Denkmal für Blücher Unter den Linden, die Erzeugnisse der KPM – ohne Eisernes Kreuz sind sie nicht denkbar.

Sein Mißbrauch wurde am 19. Juli 1870 eingeleitet, als Wilhelm I. entgegen der Bestimmung seines Vaters die Ordensstiftung erneuerte. Konnte der Deutsch-Französische Krieg anfangs noch als Präventivmaßnahme verstanden werden, so hatte er im Kampf gegen die Pariser Kommune einen völlig anderen Charakter angenommen. Die Erneuerungen am 5. August 1914 und am 1. September 1939 verkehrten den ursprünglichen Sinngehalt – Zeichen der Befreiung eines Volkes von fremder Unterdrückung – genau ins Gegenteil. Das Eiserne Kreuz war nun als Sinnbild preußischer Machtpolitik gegenwärtig. Nur – kann und soll man den Mißbrauch geistiger und kultureller Werte nachträglich durch den Verzicht auf sie sanktionieren, oder soll man sie in ihrem ursprünglichen Sinne reklamieren? Auf welche, weitaus bedeutendere Werte müßten wir dann konsequenterweise auch verzichten?

Ende einer Irrfahrt

Für die nächsten fünf Wochen stand die Quadriga – dem Blick der Neugierigen entzogen – im Hof des zur Werkstatt umfunktionierten königlichen Jagdschlosses; die Küche im Ostflügel wurde gar zur Schmiede umgebaut. Nach Schinkels Vorgaben wurde das Holzmodell für das Eiserne Kreuz hergestellt, das wie der Kranz durch den „Mechanikus" Caspar Hummel in Kupfer getrieben wurde; den Adler fertigte die Firma Thielemann an. Die Plastiken selbst erhielten teilweise neue Stützgerüste, die ebenfalls von Hummel eingebaut wurden. Sämtliche Verbindungsstellen einzelner Teile wurden nachgearbeitet und gegebenenfalls verstärkt. Hummel oblag schließlich auch die Ausführung der technischen Arbeiten an der Konstruktion auf dem Tor. Diese Schlosserarbeiten – zunächst im Jagdschloß, zuletzt auf dem Tor – dauerten vom 19. Juni bis zum 18. Juli. Offenbar waren die Transportschäden doch nicht so gravierend ausgefallen, wie zunächst befürchtet worden war.

Vom 24. bis zum 27. Juli wurde die Quadriga samt Zubehör in mehreren Wagenzügen zum Tor geschafft. Moser, der bereits am 16. April mit den Vorbereitungen beauftragt worden war, hatte zwischenzeitlich die Balkendecke der mittleren Durchfahrt für Materialtransporte öffnen und im Dachraum eine kleine Schmiede einrichten lassen. Mittels eines im Dachraum montierten Kranes wurden die einzelnen Teile ohne Stellung eines Gerüstes nach oben gezogen. In etwa 2-3 Tagen brachten Jury und der Hofmechanikus Hummel die gesamte Quadriga nach oben. Am 30. Juni wurde sie durch Schadow begutachtet. Da vorgesehen war, daß der König sie feierlich einweihen solle, wurde sie bis August unter einer zeltähnlichen Verkleidung verborgen.

Die *Berlinischen Nachrichten* berichteten am 9. August: „Das Schönste Thor des heutigen Europa, unser Brandenburger Thor, war zu einem natürlichen Triumphbogen, besonders durch den Umstand, umgeschaffen, daß der bei der ersten feindlichen Invasion von demselben geraubte Siegeswagen, der durch die Einnahme von Paris wieder erobert hierher zurückgebracht, auf die Spitze des Thors, welche er vormals geziert hatte, wieder aufgestellt worden war. Dies war indeß in der Stille der Nacht geschehen, und das Kunstwerk durch eine Zeltähnliche Bedachung verhüllt worden, weil es, bedeutungsvoll, erst im

Abb. 18: Die Rückkehr der Quadriga wurde als göttliche Fügung gesehen, anonyme Tuschzeichnung um 1806

Abb. 19: Das Tor hat seine Quadriga wieder ..., Kupferstich um 1820

Moment des Einzugs plötzlich sichtbar werden sollte...“[73] Damit war die Quadriga nach fast sieben Jahren wieder am angestammten Ort. Dort sollte sie durch alle Fährnisse hindurch bis zu ihrer Zerstörung im April 1945 bleiben.

Welche Bedeutung die Rückkehr der Quadriga für die Berliner und besonders für mindestens eine Anwohnerin des Pariser Platzes gehabt hat, geht aus einer erst in unseren Jahren bekannt gewordenen Geschichte hervor. Amalia Beer, Mutter des damals noch jungen Komponisten Jakob Meyer Beer, später Giacomo Meyerbeer, hörte – vermutlich Ende April 1814 –, daß die Quadriga aufgespürt worden sei und bald in Berlin eintreffen würde. Wie alle Mütter auf die Karriere ihres zu diesem Zeitpunkt in Wien weilenden Sohnes bedacht, faßte sie den ehrgeizigen Plan, dieser möge mit dem Libretto eines sonst unbekannten Herrn E. Veith eine Oper zur Wiederaufstellung der Quadriga komponieren. Sie sollte am geplanten Tage der Quadrigaenthüllung, am 3. August 1814, im Königlichen Nationaltheater uraufgeführt werden.

Giacomo ließ sich anscheinend nur widerwillig überreden, denn in Anbetracht der damaligen Nachrichten- und Verkehrsmittel dürfte ihm kaum viel Zeit geblieben sein. Außerdem kannte weder er noch offensichtlich der Autor des Librettos die Details zur Rückkehr der Siegesgöttin. Aus diesem Grund dreht sich der hier präsentierte Inhalt auch nicht um die Quadriga; vielmehr hat Veith eine kleine Vorstadtromanze geschaffen, an deren Ende die *Victoria* mit dem König in die Stadt rollt. Dann ertönt der Schlußgesang der Hauptfigur Schroll:

„1. Wohl mir, daß ich ein Preuße bin / und schauen kann mit frohem Sinn / durchs Brandenburger Thor. / Aus Norden kam der Freunde Zug, / da ging der Franken rascher Flug / durchs Brandenburger Thor. / Und nur Gefangne durftens sein / käm je ein Franke noch herein / ins Brandenburger Thor.

2. Und Östreichs edler Feldmarschall / zog nun an sich die Tapfren all / vom Brandenburger Thor. / Auf Leipzigs Ebnen fochten sie, / sie fochten dort, als stünden sie / vorm Brandenburger Thor. / Bald grüßten wir den alten Rhein / die letzten wollten wir nicht sein / vorm Brandenburger Thor.

3. Und vorwärts gings im Siegesflug, / bald stand der Reiter froher Zug / vor dem Pariser Thor. / Da holten sie das Siegesmal, / das einst die Hinterlist uns stahl, / vom Brandenburger Thor. / Und stelltens wieder freudenvoll / hinauf, wo's ewig stehen soll, / aufs Brandenburger Thor.

4. Nun steht es fest auf immerdar, / froh nimmt der König es gewahr, / und sieht zu Gott empor. / Und Jubel tönt in hoher Lust / und jeder wackre Preuße ruft / Glück auf im lauten Chor. / Die Lust, die hat sein Herz durchglüt, / da er so herrlich wiedersieht / sein Brandenburger Thor!"[74]

Aber es sollte nicht sein... Mit einem Libretto dieser Qualität fehlte Meyerbeer jede Motivation: Zum historischen 7. August kam das Werk zu spät. Das Singspiel wurde nicht einmal gedruckt und lag über 100 Jahre im unbearbeiteten Nachlaß Meyerbeers in der Preußischen Staatsbibliothek. Aus Anlaß seines 200. Geburtstags am 5. September 1991 wurde das Werk im Jahr des 200. Geburtstages des Brandenburger Thors in Berlin uraufgeführt.

Ein Brandenburger Roß auf dem Pont Neuf

Nach dem Fall Napoleons forderten einflußreiche legitimistische Kreise die Wiederaufstellung des Reiterstandbildes von König Heinrich IV., das von 1614 bis 1792 auf dem Pont Neuf gestanden hatte. Im Gefolge der revolutionären Bilderstürmerei war dessen Zerstörung vom Nationalkonvent beschlossen worden. Nunmehr sollte der Einzug des neuen Königs Ludwig XVIII., einem Bruder des hingerichteten Bourbonen Ludwig XVI., am 3. Mai 1814 über den Pont Neuf führen, der leere Denkmalstandort war demzufolge schnellstens wieder zu besetzen.

Die bisher aufgefundenen Dokumente geben ein im Detail etwas widersprüchliches Bild, in ihren wesentlichen Zügen aber sind die folgenden Vorgänge doch zu rekonstruieren. Am 18. April 1814 soll die Idee eines neuen Reiterstandbildes im Pariser Stadtrat beraten worden sein, fünf Tage später habe der Stadtrat die umgehende Ausführung beschlossen. Zuvor war einem der Beteiligten eingefallen, daß sich die – zwar bereits verpackten – Berliner Quadrigapferde noch in Paris befanden. Deshalb baten die französischen Behörden Preußen, von einem der Pferde einen Gipsabguß nehmen zu dürfen –

ENTRÉE DANS LA VILLE DE PARIS.

Abb. 20: Ein Berliner Roß auf dem Pont Neuf. Zeitgenössischer Stich

Friedrich Wilhelm III. stimmte zu. Auf der Grundlage dieser Abformung entwarf Jakob Ignaz Hittorff, ein beim ‚Hôtel des menus plaisirs' angestellter Architekt aus Köln, die Gußform und die Gips-Armierung. Die Leitung der staatlichen Gipsformerei oblag dem Bildhauer Henri Victor Roguier, unterstützt vom seinerzeit berühmtesten französischen Bildhauer Jean-Antoine Houdon (1741–1828). Roguier arbeitete sehr schnell und bereits am 30. April wurde das Pferd zum Pont Neuf gebracht und am 1. Mai aufgestellt; bereits am Abend des selben Tages folgte der königliche Reiter. Am späten Abend des 2. Mai konnten die Gerüste abgebaut werden und am 3. Mai 1814 zog Louis XVIII. in Paris ein, vorbei an einem Heinrich IV. ganz ‚in Gips'.

Den hohen Gästen des königlichen Einzugs war der Trick mit dem Gips nicht verborgen geblieben, ebensowenig die Herkunft der Vorlage. Der preußische Kronprinz, der spätere Friedrich Wilhelm IV., schrieb am 29. April aus Paris: „… Gerüste auf den Straßen und Brücken zu Musik und Feuerwerk. Auf'm Pont neuf kommen 2 Tempel und die Statue Heinrich IV., die mit unglaublicher Schnelligkeit gemacht worden ist in Gips und bronzirt."[75] Ausführlicher, wenn auch im Detail unrichtig, berichtet der Dichter und Politiker Friedrich August von Stägemann am 19. Mai 1814 an seine Frau: „Auf dem Pont-Neuf über die Seine hat man eine kolossale Gipsstatue Heinrichs IV. zu Pferde in aller Geschwindigkeit aufgerichtet, um bei dem Einzug des Königs Ludwigs XVIII. zu paradieren. Sie wäre aber doch nicht fertig geworden, wenn man nicht eins unserer Pferde vom Brandenburger Thor, das ein junger Künstler zur Übung abgeformt hatte, in dessen Werkstatt gefunden hätte. So reitet Henri quatre auf einem Brandenburger Roß."[76]

Die ‚statue provisoire de Roguier' blieb bis 1818 unbehelligt am Ort. Als im April das neue Standbild von Francois Fréderic Lemot eingeweiht wurde, verhinderte der französische König die Zerstörung der Gips-Statue mit dem Hinweis auf seine Rolle als „historisches Denkmal der Liebe der Pariser Bevölkerung."[77] Am 19. Mai 1818 wurde das Bildwerk in den Louvre verbracht, wo sich seine Spur in den Revolutionstagen von 1830 verliert.

3. Tor und Pariser Platz als Kulisse (1814–1933)

Das Tor als Monument

Die demokratisch-vaterländische Euphorie der Befreiungskriege hielt – nicht nur in Preußen – allenfalls im Volke an. Der dem Wiener Kongreß von 1815 folgenden Restaurationszeit fiel in gewisser Weise auch das Brandenburger Tor zum Opfer. Schleichend erfuhr das einstmalige Siegesdenkmal für die nationale Befreiung zwischen den Ären Metternichs und Bismarcks, also in der Epoche zwischen 1815 und 1864, eine Umdeutung in ein multifunktionales ‚Nationaldenkmal‘, geeignet als Hintergrund für öffentliche – und zumeist monarchistische – Spektakel aller Art. Zum einen fanden hier organisierte, vom Hof oder Militär angeordnete, fürstliche Um-, Ein- oder Durchzüge statt – das Tor fungierte für das jeweilige Spektakel als Träger aufwendiger Wechsel-Dekorationen in Tuch, Pappmaché und Gips. Andererseits stand es oftmals ‚unverschuldet‘ im Brennpunkt von Ereignissen, da es der einzige direkte Ausgang zu den ‚Zelten‘, zur ‚Krolloper‘, zum Tiergarten und nach Charlottenburg war.

An spektakulären Aufzügen hat es in jedem Fall nicht gefehlt. Dem Vorbild Königin Luises folgend zog Elisabeth von Wittelsbach mit ihrem Bräutigam, dem Kronprinzen Friedrich Wilhelm (IV.), am 28. November 1823 vom Schloß Charlottenburg durch das Tor zum Berliner Schloß. Am Rand des Tiergartens wurde sie von Generälen zu Pferd empfangen, von 24 Postillonen zum Brandenburger Tor eskortiert und dort von 300 Ehrenjungfrauen begrüßt. Die Empfangsrede hielt die Tochter des Bürgermeisters. Vermutlich entwarf Schinkel die Dekoration, auch seine noch im Bau befindliche Schloßbrücke war geschmückt. Deren Schmuck wurde zur Trauerdekoration, als im Gedränge viele Menschen durch das provisorische Geländer stürzten und 22 von ihnen ertranken. Todesanzeigen wurden untersagt, weil „Ihre Kgl. Hoheit die Kronprinzessin solche lesen und dadurch einen unangenehmen Eindruck bekommen möchte."[78]

Am 10. Dezember 1834 war das Tor Zeuge des großartig inszenierten Trauerzugs für den am 6. Dezember 1834 verstorbenen Generalmajor von Lützow, bekannt für seine „wilde verwegene Jagd". Von dem Sterbehaus im Tiergar-

Abb. 21: In zunehmendem Maß wird das Tor zum National-denkmal... auch Künstler erobern das Brandenburger Tor, nach einer Zeichnung von Fritz Gehrke (1855-1916), um 1890

ten bewegte sich dieser unter Teilnahme des Königs und der preußischen Prinzen durch das Brandenburger Tor über die ‚Linden', die Friedrich- und die Oranienburger Straße zum Garnisonsfriedhof.

Natürlich konnte es nicht ausbleiben, daß in den Revolutionstagen zwischen dem 13. und 18. März 1848 der Pariser Platz mehrfach Schauplatz von Demonstrationen und Schießereien wurde. Schon am 13. März kamen mehrere zehntausend Menschen von den Zelten durch das Tor zum Schloß, wo sie mit der flachen Klinge auseinandergetrieben wurden. Sechs Tage später wurden mehrere hundert Gefangene durch das Tor auf dem Weg zum Spandauer Gefängnis eskortiert: „Nehmt die Canaillen nur ordentlich zusammen! Wenn Einer nicht fortwill, so gebraucht die Kolbe, und wenn sich Jemand widersetzt, so nehmt die Bayonnette!"[79]

Dem Zeughaussturm am 14. Juni folgte wiederum Aufruhr. „Nicht lange darauf zeigten sich denn auch die angekündigten Arbeiter am Brandenburger Thore. ... Die Bürgerwehr verwehrte ihnen den Eintritt. Verdient das Zeugniß der ... Theilnehmer Glauben, so hätten die Arbeiter dem Befehle, umzukehren, Folge geleistet, sich aber widersetzt, als die Auslieferung der Fahnen verlangt worden wäre. Nach der Aussage von Bürgerwehrmännern haben dagegen die Arbeiter zuerst einen thätlichen Angriff auf die Wachmannschaften gemacht. Genug es entstand ein Handgemenge, bei dem es auf beiden Seiten Verwundungen gab; die Arbeiter wurden, nachdem die Thorbesatzung eine Fahne erbeutet und einige Gefangene gemacht hatte, zurückgeschlagen."[80]

Natürlich war das Brandenburger Tor zur Demonstration militärischer

Macht in besonderem Maße geeignet: Nach dem Krieg gegen Dänemark und dem Sieg Preußens auf den Düppeler Schanzen zogen am 7. Dezember 1864 die siegreichen Truppen durch das Tor; am 18. Dezember erließ König Wilhelm I. eine Kabinettsorder zur Errichtung einer Siegessäule auf dem nahegelegenen Exerzierplatz im Spreebogen, der mit gleicher Order in Königsplatz umbenannt wurde – der heutige, vor dem Reichstag sich erstreckende Platz der Republik. Das Denkmal wurde erst 1873 eingeweiht: Jeder neue Sieg – 1866, 1871 – mußte mit verewigt werden. Siegesmärsche wurden gleichermaßen zur Routine. Auch am 20. September 1866, nach der Schlacht bei Königgrätz und dem Sieg über Österreich-Ungarn, zogen „die Preußen" durchs Tor: an der Spitze General Wrangel, hinter ihm Roon, Moltke und Bismarck, gefolgt vom König und dem Kronprinzen.

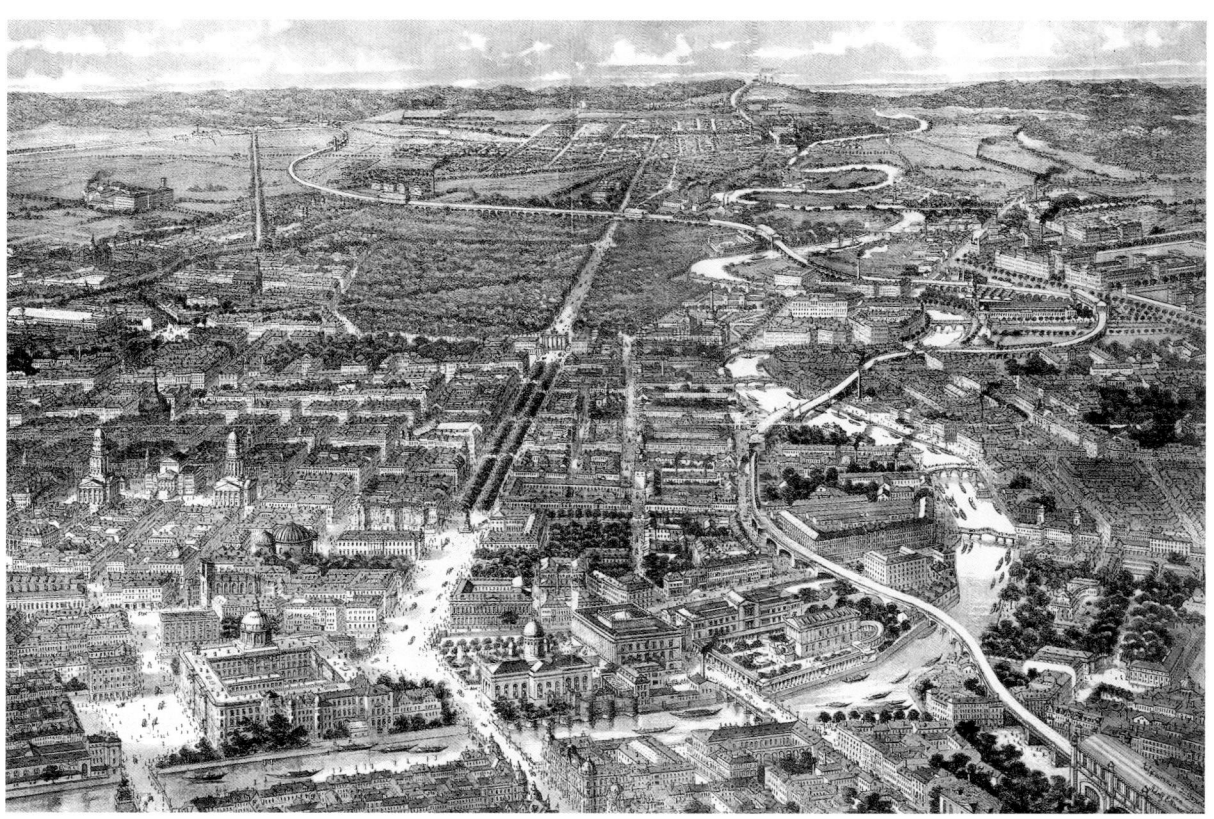

Abb. 22: „Panorama der deutschen Reichshauptstadt", Holzstich um 1887

Platz und Tor im Wandel

Neben seiner symbolischen ‚Nutzung' wurde das Brandenburger Tor auch immer wieder Gegenstand ganz prosaischer Vorgänge. Schon seine Renovierung im Jahre 1816 löste in den Amtsstuben Bewegung aus. Die Leitung des nordwestlich des Tores gelegenen Garnisonslazaretts beschwerte sich lauthals bei der Regierung über die durch die Sperrung des Tores gefährdete Versorgung des Lazaretts und der Leichentransporte zu den in der Stadt gelegenen Friedhöfen. Zum ersten Mal wurde das Tor hier zum Verkehrshindernis...

Aber die Renovierung bot auch Überraschungen finanzieller Natur, denn nicht nur heute sind Kostenvoranschlag und Abrechnung offensichtlich unvereinbar. So auch damals: Belief sich der Voranschlag auf 866 Taler 1 Sgr. 1 Pf., so waren bei der Endabrechnung 1.318 Taler 2 Sgr. 10 Pf fällig! Der Torbau war ausgebessert, in den Rechnungen sind Steinkonservierungs-, Steinmetz- und Maurerarbeiten genannt, und die Quadriga ist repariert worden. Zwei Jahre später wurden die Torflügel, die sich bis auf das Pflaster gesenkt hatten, gerichtet und zum Schutz der Säulen neue eiserne Radabweiser eingebaut; wie ihre 1814 montierten Vorgänger waren sie französische Beute-Kanonenrohre.

Zwar kannte Berlin 1824 noch keine klebezettelintensiven Wahlkämpfe – dennoch verbot das Polizeipräsidium am 1. April

Abb. 23: Noch herrscht am Pariser Platz barockes Gepräge vor... Stahlstich von A. Carse, um 1840

das Plakatankleben am Brandenburger Tor. Die Zeitungen mußten diesen Erlaß im Wortlaut veröffentlichen. In die Verkehrsgeschichte ging das Tor im Mai 1825 ein, als ein Herr Simon Kremser die Genehmigung zur Einrichtung eines regelmäßigen Fahrverkehrs mit Kutschen zwischen Brandenburger Tor und der Stadt Charlottenburg erhielt – die erste ‚Vorort-Buslinie' war geboren.

Wenn man vom Tor spricht, darf man freilich nicht vergessen, daß es nicht nur das Entree zur Stadt Berlin, sondern auch zum Pariser Platz bildet – und dieser Platz hat seine eigene Geschichte. Schinkel baute 1828–30 das an der südlichen Ecke zu den Linden gelegene ‚Palais Kameke' zum ‚Palais Redern' um und gab damit dem Südosten des Platzes eine gänzlich neue Gestalt. Aus seiner Abneigung gegenüber dem Barock kein Hehl machend, beschrieb Schinkel das Vorhaben: „Aus dieser dürftigen und verhältnislosen Architektur, ohne wesentliche Veränderung der Mauern, ein Gebäude von Charakter zu schaffen, dies war die Aufgabe, welche der Besitzer stellt...“[81]

Obwohl auch schon andere barocke Palais am Platz ‚modernisiert‘ worden waren, setzte dieser Bau doch ein Zeichen und leitete die klassizistische Wandlung ein. Bis 1858 – dem Abschluß der Umbauarbeiten am ‚Palais Arnim-Boitzenburg‘ (Nr. 4) durch Eduard Knoblauch – erhielt der Platz bis auf das einstige ‚Palais von Bauvrye‘, später ‚von Hagen‘ und ab 1860 Französische Botschaft (Nr. 5), eine klassizistische drei- bis viergeschossige attikabekrönte Umbauung, die bis auf die Zufahrt östlich der Französischen Botschaft nun eine geschlossene Front bildete.

Geprägt wurde dieser Gestaltwandel des Platzes im wesentlichen durch zwei Persönlichkeiten. August Stüler (1800–1865), ‚Architekt des Königs‘, Oberbaurat und Mitglied der Oberbaudeputation, verlieh mit seinen von Carl August Sommer beauftragten Um- und Neubauten dem Platz über die Kaiserzeit hinaus bis zur Zerstörung 1943–45 sein architektonisches Gepräge. Die Häuser beiderseits des Brandenburger Tores, das ‚Haus Sommer‘ (Nr. 1; 1847/48) und das spätere ‚Haus Liebermann‘ (Nr. 7; 1844), bestimmten als Rahmung ein Jahrhundert lang sowohl das Bild der Toranlage vom Platz aus als auch die Ansicht vom Tiergarten. Mit weiteren Um- und Neubauten der Anwesen Pariser Platz 5a–6a (1845/46), ehemals im Besitz des Fabrikanten Sieburg, hat Stüler auf der West- und Nordseite des Platzes ein geschlossenes spätklassizistisches Ensemble geschaffen. Im turmartigen Aufbau von Nr. 6 wohnte später u.a. der Hofarchitekt von Ihne – nicht aber, wie immer wieder behauptet, Max Liebermann. Dieser hat immer nur die Nr. 7 bewohnt.

Stülers Auftraggeber am Platz war der Zimmermeister und Bauunternehmer Carl August Sommer, „der die meisten Häuser daselbst gebaut und durch Bepflanzung der Straße dieselbe verschönert.“[82] Gemeint war die Kasernenstraße zwischen Brandenburger Tor und Spree, zu deren Umbenennung in Sommerstraße – heute Teil der Ebertstraße – am 17. April 1858 der Antrag mit dieser Würdigung gestellt und am 19. Januar 1858 genehmigt wurde. Gemessen am 1842 erworbenen Besitz hätte auch der Platz nach ihm benannt sein können. Neben Pariser Platz 1 – südlicher Nachbar des Brandenburger Tores – gehörte Sommer auch Nr. 6/7, ein riesiges Areal, nördlich bis an die Spree reichend. Von Sommer wurde es planmäßig ‚entwickelt‘ und verwertet: 1844 Durchlegung der Dorotheenstraße und Abtrennung des rückwärtigen Grundstücks Kasernenstr. 2, 1846 Teilung in Nr. 6 (1869 an Bankier Magnus Hermann) und 7 (1857 an Kaufmann Louis Liebermann), 1850 Abtrennung von Nr. 6a (1861 an Bankier Ernst Jacoby) sowie Dorotheenstr. 50 und 31 und 1895 Abtrennung von Nr. 5a (Fabrikant Fritz von Friedländer-Fueld) vom ursprünglichen Grundstück Pariser Platz 6.

Das die von den Bauvorschriften gesetzten Grenzen tangierende oder auch überschreitende – offenbar aber abgestimmte – Vorgehen von Sommer und Stüler läßt auf des Königs Einverständnis schließen, zumal auch alle öffentlichen Einwendungen abgewiesen wurden. „Jedenfalls war die Ansicht des Tores zunächst aus dem Lot, da nur eines der beiden seitlich anstoßenden Gebäude [Nr. 7/d.V.] verändert worden war. Später lieferte die fehlende Symmetrie der Anlage ein Argument, um Stülers architektonische und Sommers spekulative Absichten zu befördern. Es ist davon auszugehen, daß die Absichten beziehungsweise die Planung König Friedrich Wilhelms IV. und seines Architekten Stüler weiterreichten."[83] Offenbar wollte der König auf ‚stillem Wege' den Weg für eine ihm genehme Umgestaltung des Platzes ebnen. Die Umgestaltung seitlich des Tores, d.h. die Beseitigung der von den barocken Walmdächern geprägten verunklärenden schrägen Umrißlinien zugunsten der Stülerschen Waage- und Senkrechten einschließlich einer deutlichen Höhendifferenzierung kann durchaus als städtebauliche Aufwertung gesehen werden.

Zur gewerblichen Erschließung des Hintergeländes, wo er u.a. selbst einen Zimmer- und Holzplatz besaß, hatte Sommer eigens die Dorotheenstraße verlängern lassen. Damit begann die Anpassung des Stadtgrundrisses im Bereich der ‚Kommunikation' entlang der westlichen Akzisemauer an die veränderte stadträumliche Situation, fortgesetzt 1872 mit der Durchlegung der Voßstraße und zwei Jahrzehnte später mit der Zimmerstraße. Eine auch erwogene Verlängerung der Behrenstraße durch die Ministergärten hätte manch gegenwärtiges Verkehrsproblem nicht entstehen lassen...

Traf der Reisende beim Verlassen der Stadt vor den anderen Toren auf Öd- und Ackerland oder recht regellos entstandene Vorstädte, geriet er vor dem Brandenburger Tor unvermittelt in das sich weithin erstreckende Grün des Tiergartens. Einst kurfürstliche Exklave, dann königliches Reservat, war der Wald nun staatlicher Forst. Mit der fortschreitenden Urbanisierung Moabits rückte die Bebauung von Norden bis an das Spreeufer heran, im Süden wurde das Gelände am Floß- oder Schafgraben, nach Lennés Entwurf 1848–52 zum Landwehrkanal ausgebaut und schrittweise parzelliert.

Am 5. Dezember 1832 legte Peter Joseph Lenné (1789–1856), langjähriger kongenialer Partner Schinkels und nach dessen Tod die gemeinsamen Stadtplanungsversuche fortsetzend, einen Plan zur gärtnerischen Umgestaltung des Tiergartens vor. Wie der erste von ihm konzipierte Entwurf (1818) wurde er abgelehnt. Die Kosten von 62.970 Talern schienen zu hoch, ohne daß dabei anscheinend bedacht wurde, daß es sich immerhin um ein Areal von 165 Hektar handelte. Dennoch wurden die Planungen nach der Ablehnung des Gesamtentwurfs in Teilprojekten bis 1840 durchgeführt. Die Umgestaltung des ‚finstern' Waldes in einen großzügigen Landschaftspark dauerte 22 Jahre. Östlich des Tores lag nun der prachtvoll umbaute Pariser Platz, ganz auf das Tor bezogen, westlich begann der mit seiner Hauptachse auf das Tor hin orientierte und gleichzeitig den Leipziger Platz mit einfassende weiträumige Tiergarten – das Brandenburger Tor hatte allseitig einen würdigen Rahmen erhalten.

Bereits 1840 war die nächste umfassende Instandsetzung des Tores notwendig. Die Behauptung vom galoppierenden Verfall der Bauten in unserer Zeit muß also doch mit Blick auf ihre Geschichte etwas relativiert werden. Am Ende reichte auch diesmal das Geld nicht. Die veranschlagten knapp 4.300 Taler wurden um 200 Taler überzogen. Das übliche Amtsgeschrei blieb diesmal aber dank der eleganten Deckung des Defizits aus: Da die acht eisernen Torflügel nicht dauerhaft zu richten waren und monatelang nicht geschlossen werden konnten, ersetzte man sie durch Holzkonstruktionen und versteigerte die Eisenflügel. Wer auf der Auktion den Zuschlag erhielt, ist unbekannt, nicht aber der Erlös: 385 Taler und 25 Silbergroschen wurden erzielt.

Und wieder wurde die ganze Anlage überarbeitet. Eduard Holbein (1807–1875) restaurierte für 144 Taler alle Reliefs und ein gewisser Maler Blume frischte für 85 Taler die Plafonds auf. Den umfangreichsten Auftrag hatte die renommierte Steinmetzfirma des Architekten Gottlieb Christian Cantian (1794–1866) erhalten, die für 1.500 Taler die Sandsteinverkleidung des gesamten Tores ausbesserte. Mit im Bunde war auch die 1802 gegründete und noch heute bestehende Firma Ferdinand Thielemann, die 1814 das Schinkelsche Siegeszeichen montiert hatte. Für 421 Taler führte sie Reparaturen an der Quadriga aus. Wenn man noch die über 2.300 Taler für die 1851 vorgenommene umfängliche Reparatur der Kupferdächer hinnzuzählt, muß man konstatieren: In den ersten sechzig Jahren seines Bestehens verschlang die Unterhaltung des Prachtbaus Riesensummen. Das Brandenburger Tor war, in dieser Hinsicht von der Öffentlichkeit kaum beachtet, im Haushalt des Kgl. Hofbau-Amtes ein ständig präsentes Objekt.

Der Umbau 1868 – Chronique scandaleuse

Nicht zum ersten und auch nicht zum letzten Mal in der Berliner Geschichte stimmte Mitte des 19. Jahrhunderts die offizielle Stadtgrenze nicht mit dem tatsächlich vorhandenen städtischen Siedlungsgebiet mehr überein. Schnelle stadtrechtliche Konsequenzen lagen nicht im Interesse der Behörden, und der Hefeteig Berlin quoll wieder einmal über den Rand der zu kleinen Schüssel.

Erst 1841 wurde die nach der Städteordnung von 1809 zu ziehende neue Stadtgrenze fixiert. Sie faßte nun eine Fläche von 3.519 Hektar. Die industrielle Revolution aber zog unaufhörlich neue Menschenmassen an, Industriegebiete entstanden ebenso wie proletarische Wohngebiete vor allem am nördlichen und nordöstlichen Stadtrand, Villenkolonien hingegen im Südwesten.

Wohnten 1840 schon 7,6 Prozent der 328.629 Berliner außerhalb der Zollmauer, so stieg diese Zahl innerhalb von sechs Jahren auf 11,4 Prozent der nunmehr 397.767 Einwohner. Die Tendenz war unübersehbar. Zwischen 1830 und 1846 wuchs die ‚Innenbevölkerung' – innerhalb der Zollmauer – um 51 Prozent, die ‚Außenbevölkerung' aber um 193 Prozent!

Trotz der deutlichen Notwendigkeit einer Neufassung der Stadtgrenze mußte der preußische Innenminister durch einen Machtspruch eine Korrektur der Stadtgrenze gegen die engen kommunalen Interessen der betroffenen Gemeinden und der Berliner Stadtväter zum 1. Januar 1861 erzwingen. Zur Hauptstadt kamen Gesundbrunnen, Moabit und Wedding, die nördlichen Teile von Tempelhof und Schöneberg, andere kleinere Gebiete und der südliche Tiergarten hinzu. Das Stadtgebiet vergrößerte sich solchermaßen um fast 60 Prozent auf 5.923 Hektar, das Brandenburger Tor stand, wie auch andere Tore, plötzlich ‚mitten drin'.

Diese Veränderungen betrafen das Brandenburger Tor unmittelbar. Zum einen wurde die Zollmauer, die das Militär als Möglichkeit zur Abriegelung von Teilen der Stadt bei inneren Unruhen gerne erhalten gesehen hätte, in den Jahren 1865–69 abgerissen. Das letzte Wort hatte hierbei Wilhelm I. am 29. Juni 1865: „Auf den Bericht vom 10. Juni d.J. genehmige Ich, daß der Abbruch der Stadtmauer von Berlin ... vorgenommen und nach und nach zur Ausführung gebracht werde..."[84]

Darüber hinaus verloren durch die Verlegung der Zollgrenze die westlichen und nördlichen Stadttore ihre Funktion und wurden zumeist abgerissen. Es war Alexander Ferdinand von Quast (1807–1877), der erste amtlich bestallte Denkmalpfleger Preußens, der Unheil auf das Brandenburger Tor zukommen sah. Am 11. Juli 1865 meldete er bei Kultusminister Heinrich von Mühler (1813–1874) schriftlich Protest gegen den vermeintlichen Abriß der Wach- und Zollhäuser an, der aber gar nicht im Gespräch war. Abzureißen waren die Eck-Verbindungen – Ställe und Remisen – zwischen den Torhäusern und dem Tor, an die die Akzisemauer angebunden war. Das Problem lag also in der Neugestaltung der inneren Bindung des Ensembles. Immerhin verunsicherte von Quast seinen Minister so, daß dieser vorsichtshalber beim Handelsminister Heinrich von Itzenplitz (1799–1883) nachfragte, dessen Antwort am 24. Juli vorlag: Ausnahmsweise kein Abrißskandal, sondern sogar schon Beauftragung der Kgl. Ministerial- (Militär- und) Baukommission zur Beseitigung der Maueranschlüsse und gestalterischen Angleichung. Eigentlich ungewöhnlich schnell für die preußische Bürokratie... Am 28. August 1865 begann beidseitig des Tores der Mauerabriß, die Remisen folgten in der Zeit vom 15. September 1866 bis zum 24. Juni 1867.

Vor dem Hintergrund der heute sprichwörtlich gewordenen Schlamperei relativiert die Chronologie der Umbauentwürfe das Bild vom exakt funktionierenden Beamtenapparat der guten alten Zeit. Außerdem läßt sich auch die Autorenschaft des ausgeführten Entwurfes klären, über die es noch bis in die

jüngste Zeit mannigfaltige Irritationen gab. War es Johann Heinrich Strack (1805–1880) oder Hermann Blankenstein (1829–1910)?

Blankenstein – nach dem Studium an der Bauakademie über Staatsanstellungen in Stettin und Stargard/Pommern durch Vermittlung von Friedrich Adler (1827–1908) nach Berlin zur Ministerial-Baukommission ‚wunschversetzt' – war damals fachlich noch ein unbeschriebenes Blatt. Als Stadtbaurat für Hochbau hat er 1872–96 das bauliche Gesicht der Stadt nachhaltig geprägt. Hiervon zeugt noch heute eine Vielzahl von Schulbauten, Krankenhäusern und Markthallen in Berlin.

Verstand sich Blankenstein stilistisch als Nachfolger Schinkels, so hatte Strack während des Studiums 1825–27 selbst in Schinkels Atelier gearbeitet und war 1841 bereits Professor an der Akademie der Künste, 1854 auch an der Bauakademie. Nach gescheitertem Versuch, sich als Privatarchitekt zu etablieren, ging Strack 1842 zum Hofbauamt und wurde 1876 zum Hofarchitekten Kaiser Wilhelms I. ernannt. Schon frühzeitig arbeitete er vorzugsweise für den Monarchen, so offensichtlich auch am Brandenburger Tor, für das er offiziell gar nicht zuständig war.

Für die Beschreibung der insgesamt neun Umbauentwürfe, von denen auch Modifikationen nachweisbar sind, wäre eine eigenständige Publikation notwendig. Die Vorgaben und die Beurteilungskriterien stützen sich hauptsächlich auf drei Prämissen: Verlängerung der Torhäuser nach Westen bis in die Bauflucht des Tores mit Überdachung des Zwischenraumes zum Torbau oder Erhaltung der Flügelbauten bzw. Anbau offener Hallen an den Schmalseiten des Tores als Verbindung zu den Torhäusern, Gestaltung der Zwischenbauten bzw. Hallen mit oder ohne Durchgänge mittels Säulen und/oder Wänden.

Abb. 24: Das Brandenburger Tor von Westen mit Blick auf die Sommerschen Häuser. Gemälde von Theodor Rabe (1822-1890), um 1850

Auch die Standorte der beiden Plastiken *Ares* und *Athena* wechselten in den verschiedenen Entwürfen.

Sein Meisterstück bot Blankenstein mit seinem Entwurf V, den er am 31. März 1866 einreichte und der die königlichen Wünsche nach genügend Durchgängen sowie die Forderung des Polizeipräsidiums nach Einbau einer Bedürfnisanstalt berücksichtigte – im nördlichen Torhaus des Quasi-Heiligtums! Am 7. April unterschrieb Heinrich Herrmann (1821–1889), Architekt und Mitdirigent der Behörde, am 20. Mai stimmte der Handelsminister zu. Ehe königliches Auge die öffentliche Bedürfnisanstalt – zumindest auf dem Zeichenpapier – ausmachen konnte, wurden von anderen Instanzen Ansprüche laut: Der Militärgouverneur sah sich außerstande, die Absperrgitter um sein Torhaus entwurfsgerecht verändern zu lassen und das Hauptsteueramt meldete für das andere Haus einen höheren Raumbedarf an.

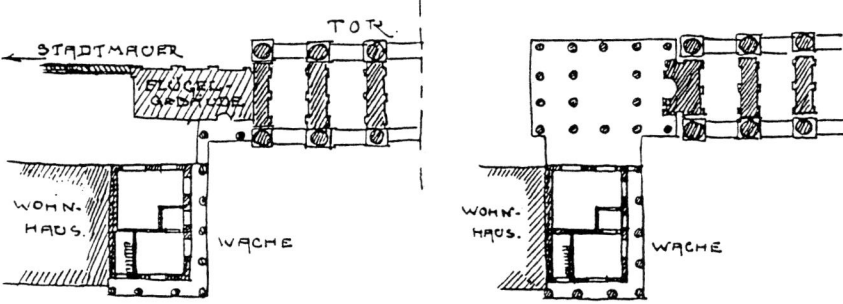

Abb. 25: Grundriß der Torbauten.
Links: 1789–1868.
Rechts: 1868–1957

In der Zwischenzeit unternahm der König einen erstaunlichen Schritt. Er genehmigte am 25. Juli zunächst, daß die Torhäuser trotz Mauerabriß erhalten werden durften! Durch die Praxis des staatlichen Umgangs mit historischen Bauten mißtrauisch, bleibt die Frage offen: Handelte es sich um das Nachholen einer überfälligen Formalität und damit um die Bestätigung der ministeriellen Auskunft an Quast vom Jahr zuvor oder um stillschweigendes Schließen einer heimlichen Hintertür gegenüber einem möglichen Abriß?

Die neuen Entwürfe VI (vom 18. Oktober 1866) und VII (vom 15. Januar 1867) wurden dem König ohne behördliche Bestätigung vorgelegt und am 28. Januar 1867 von diesem genehmigt. Danach gaben auch Herrmann am 10. April und Eduard Wiebe (1804–1892) vom Handelsministerium am 26. April dem ‚Toilettentor'-Entwurf VII ihre Zustimmung. Ende der Entwurfsnummernfolge?

Mitnichten. Die öffentliche Pietät besiegte nach einer Pressekampagne die öffentliche Bedürfnisanstalt, die immerhin den Beistand des Handelsministers genoß. Am 1. Juli hob Wilhelm I. seine Genehmigung auf und forderte für den nächsten Entwurf gleich noch einen Reitweg durch das Tor... Als nach Herrmanns Bestätigung Wiebe den nunmehr achten Entwurf, offenbar von Blankenstein schon im Juni vorbereitet, ablehnte, hatte der treue Staatsdiener genug – am 5. Juli beschwerte sich Blankenstein ‚behutsam' beim Kultusminister und am 8. Juli schickte er der *Deutschen Bauzeitung* einen Artikel, der bei aller Beamtendisziplin des Verfassers von persönlicher Verärgerung geprägt ist: „Aus einer Notiz ... sehe ich, dass auch bereits die politischen Zeitungen sich mit der Umgestaltung des Brandenburger Thores beschäftigen. ... Der Unterzeichnete, welcher sich bereits seit fast zwei Jahren mit diesem Gegenstande beschäftigt ..., musste es bisher vermeiden, öffentlich darüber zu sprechen, und muss auch heute noch darauf verzichten, das zuletzt genehmigte, so wie das nun etwa an seine Stelle tretende Projekt näher zu erörtern..."[85]

Letzter Auslöser war der Ortstermin am 4. Juli – so die Akten im Geheimen Staatsarchiv; Blankenstein nennt hingegen den 5. d. M. – am Tor, auf dem sich der König selbst über die Situation kundig gemacht hatte, aber nur der Entwurf VII diskutiert worden war. Das Aufbegehren hatte anscheinend – vorerst – Erfolg; ministeriell wurde die Weiterarbeit am Entwurf VIII verfügt. Eine Depesche aus Ems, wo sich Wilhelm I. gerade aufhielt, signalisierte am 2. August, daß dieser sich „sehr gnädig geäußert" habe.

Das Entwurfsspiel war langsam zur Posse geraten. Die Bewertungskriterien stimmten nicht mit den Vorgaben für die Entwürfe überein, während der Entwurfsarbeit mußte unentwegt geändert werden, jede beliebige Behörde konnte dazwischenreden. Stimmten die Fachbehörden zu, sperrte sich der König – umgekehrt das gleiche Spiel. Was Wunder, daß Blankensteins Geduld bis an die Grenze gefordert war, die Öffentlichkeit aufmerksam wurde und der Historiker heute Schwierigkeiten hat, den Ablauf sachgerecht zu rekonstruieren.

Trotz königlichen Interesses verwarf das Gutachten der Technischen Baudeputation vom 29. Oktober 1867, unterzeichnet vom preußischen Oberbaudirektor Gotthilf Hagen (1797–1884) und Friedrich Hitzig (1811–1881), auch Blankensteins Entwurf Nr. VIII wegen gestalterischer Mängel und entschied sich stattdessen für den Entwurf von Strack, der auch tatsächlich zur Ausführung kommen sollte. Woher – zu diesem Zeitpunkt – der undatierte Entwurf Stracks kam, ist nicht bekannt. Einen Auftrag hatte er jedenfalls nicht – zumindest ist keiner bekannt.

Nachdem der Anspruch auf das nördliche Torhaus als Telegraphenbüro für den Kanzler des Norddeutschen Bundes durch Bismarck am 18. Februar 1868 aufgegeben worden war, ging es plötzlich in erstaunlichem Tempo voran: Am 2. März empfahl der Handelsminister den Strackschen Entwurf beim König, am 8. März um 12 Uhr hielten Strack und Wiebe Vortrag bei Wilhelm I. und einen Tag später wurde die Kabinettsorder zur Ausführung dieses Entwurfes erlassen.

Nun blieb Blankenstein nur die Rolle des Handlangers; es war seine Autorenschaft der Ausführungszeichnungen, die später Verwirrung gestiftet hat. Denn er mußte nun Stracks Entwurf bis zum 9. April ausführungsreif überarbeiten. Am 17. April zeichnete für das Handelsministerium Ludwig Giersberg (1824–1882) ab und am 28. April genehmigte Oberbaudirektor Wiebe den Entwurf. Nach Schwierigkeiten, für das Brandenburger Tor einen Bauleiter zu finden, endete die Geschichte mit einer ironischen Pointe: Blankenstein selbst übernahm am 4. Juli 1868 diese Aufgabe. Zum Jahresende war der Umbau abgeschlossen. Die seitlichen Anbauten waren durch offene Säulenhallen ersetzt worden, wo *Ares* und *Athena* in Nischen ihren neuen Platz gefunden hatten, und die Torhäuser blieben im Äußeren unverändert – fast das Bild von heute.

Es mag den Anschein haben, als hätte Blankenstein zwei Jahre für den Papierkorb gearbeitet – doch war es wirklich vergeblich? Blankenstein selbst hat sich – bereits 1867 – in der *Deutschen Bauzeitung* folgendermaßen geäußert: „Wenn es für den Verfasser hart ist, seine Projekte durch den Vorwurf leichtfertiger Konstruktion beseitigt zu sehen, um so härter wegen der Stelle, von welcher er ausging, ... so muß er sich trösten, dass er das Urteil über diese Frage jedem Techniker [Architekten/d. V.] mit Ruhe anheim geben kann."[86] Georg Krecker (1873–nach 1938), Architekt, Denkmalpfleger und einer der Geschichtsschreiber des Tores, ließ in seinem Resümee Gerechtigkeit walten: „Blankenstein hat wohl das Verdienst, durch seine zahlreichen Entwürfe die Lösung vorbereitet zu haben, der Autor des ausgeführten Entwurfs ist aber Strack."[87]

Das ‚kaiserliche' Tor

Abb. 26: Das kaiserzeitliche Tor hinter exotischem Grün, 1892

Nach 1871 wurde der Pariser Platz Bestandteil des Regierungsviertels und das Tor zur regierungsamtlichen Staffage. Als sich durch Bismarcks ‚redaktionelle Bearbeitung' der Emser Depesche die Gewitterwolken zwischen Frankreich und dem Norddeutschen Bund zusammenballten, kehrte König Wilhelm I. am 15. Juli 1870 schleunigst von seiner Kur nach Berlin zurück. Vier Tage später erklärte Frankreich dem Norddeutschen Bund den Krieg.

Am 11. März 1867 hatte Bismarck vor dem Reichstag des Norddeutschen Bundes erklärt: „Setzen wir Deutschland in den Sattel, reiten wird es schon können". Und am 31. Juli 1870 ritt Deutschland – durch das Brandenburger Tor gegen Frankreich. Der letzte Krieg bismarckscher Planung hatte begonnen. Zwei wichtige Ereignisse, der Sieg von Sedan am 2. September 1870 und die Gründung des Deutschen Reiches am 18. Januar 1871 in Versailles, waren fortan Anlaß zu Staatsfeierlichkeiten, bei denen das Tor einbezogen wurde.

„SEDAN – WELCH EINE WENDUNG DURCH GOTTES FÜHRUNG" – Wilhelms Worte zum Sieg der Deutschen zierten das Tor für „Die Bewillkommnung des Kaisers und des Heeres" am 16. Juni 1871: „Fast überreich verziert zeigte sich der schöne Bau des Brandenburger Thores; um den Schmuck der Triumphstraße vom Halleschen Thore bis zu dieser berühmten Pforte hatte

Baumeister Koch sich verdient gemacht. Es war 12.00 Uhr geworden, ehe der Kaiser durch den mittelsten Portikus des Thores einritt und den Pariser Platz betrat. Hier stand die Tribüne mit den Ehrenjungfrauen, deren Sprecherin, die Tochter des bekannten Bildhauers Professor Blaeser, den Monarchen mit einem kurzen Gedicht ... begrüßte."[88]

Abb. 27: Torschmuck zum 25. Jahrestag der Schlacht bei Sedan, 1. September 1895

Damit hatte das Brandenburger Tor endgültig die Weihen als Triumphbogen empfangen. Kaum ein Staatsgast, der von nun an nicht durch das Tor in die Residenz kam. So 1889 König Umberto von Italien, am 4. Mai 1900 Kaiser Franz Joseph von Österreich, 1901 die Königin der Niederlande. Zum letzten Mal vor dem Weltkrieg zogen 1913 Wilhelm II., Georg V. von England und Zar Nikolaus II. von Rußland gemeinsam durch das Tor. Es war eine trügerische Einigkeit, denn ein Jahr später befanden sich alle drei mit- und gegeneinander im Krieg. Dieser Funktion des Tores war auch der 1897 aus Anlaß des 100. Geburtstages Kaiser Wilhelm I. vorgenommene Bronzeanstrich des Attikareliefs geschuldet, der ein Jahr später durch Blattgold ersetzt wurde.

Auch der Pariser Platz erfuhr einige ,Verschönerungen'. Schon 1871 – mit der Fertigstellung des 1869 begonnenen neuen ,Palais von Blücher' von Carl Richter (Nr. 2), dem der Neubau des ,Palais von Rohdich' (Nr. 3; 1878–80 von Gregor von Stralendorff und Rosemann & Jacob) folgte – hatte sich der Historismus am Platz etabliert.

1880 wurde der Tiergarten ganz eingemeindet; damit war das Tor nun endgültig ein Teil der Stadt geworden. Zeitgleich wurde der bis dahin mehr schlecht als recht gepflasterte Pariser Platz durch den Stadtgartendirektor Hermann Mächtig (1837–1909) begrünt. Diese Maßnahme beruhte auf einer Jahre zurückliegenden Eingabe eines prominenten Anwohners, des Generals von Wrangel, der 1848 auf dem weitläufigen Platz den gebührenden Abstand zum demonstrierenden Volk vermißt hatte; die beiden Rasenspiegel vor den herrschaftlichen Palais sollten diesen nun schaffen.

In den Jahren 1884–94 wurde in unmittelbarer Nachbarschaft zum Tor das Reichstagsgebäude errichtet. Einer der gewichtigen Gründe für die Standortwahl des Parlaments war die Nähe zur Innenstadt, nicht zuletzt aber auch der Umstand, daß der Weg dorthin die Abgeordneten fast zwangsläufig durch das Brandenburger Tor führte. Schon der Reichstagsabgeordnete und Bausachverständige August Reichensperger (1808–1895) hatte sich 1875 mit diesem Argument gegen ein entfernter gelegenes Grundstück ausgesprochen: „Wenn um die Winternachtszeit die Vertreter der deutschen Nation schlotternd oder triefend durch das Brandenburger Tor einmarschieren – das scheint mir doch sehr zweifelhaft zu sein."[90]

1894/95 bauten die Architekten Kyllmann & Heyden mit dem Haus der französischen Botschaft Pariser Platz 5 das letzte barocke Rudiment am Platz aus und um, ohne daß die stilistische Herkunft unkenntlich gemacht wurde. Um 1903 ließ Wilhelm II. durch Ihne auch den westlichen Vorplatz mit Vasen und Skulpturen ergänzen. Zwei Jahre später wurde die Platzbeleuchtung erneuert. Der Pariser Platz erhielt zweiarmige Kandelaber nach Entwurf von Ludwig Schupmann, westlich des Tores wurden Entwürfe von Ludwig Hoffmann verwendet. Mit den Bauten Ernst von Ihnes (‚Palais Friedlaender' Nr. 5a, 1904/05; Akademie der Künste Nr. 4, 1905/06) und dem Renomier-Hotel Adlon (1905–07, von Carl Gause und Robert Leibniz) war der zweite Gestaltwandel des Platzes vollzogen.

Kurz vor der Jahrhundertwende – 1898/99 – wurde die über einhundertjährige Attikakonstruktion durch feuerhemmenden Rabitzputz um das hölzerne Lehrgerüst und Ersatz der seitlichen Dachteile aus Holz durch massive preußische Kappen bautechnisch gesichert. Nachdem im April 1908 festgestellt worden war, daß sich die Quadriga in einem bedenklichen Zustand befand, wurde im Jahr darauf der Wagenboden und das Stützgerüst der Göttin repariert – wie sich bald zeigen sollte, nicht gründlich genug.

1912 geriet auch der Sandstein in den Blick der Restauratoren. Aber kaum begonnen mußte die für 1914/15 geplante Wiederherstellung abgebrochen werden – seit dem 1. August 1914 herrschte Krieg. Die bis 1915 von den Bildhauern Richard Grüttner, Fritz Heinemann, Wilhelm Wandschneider und Hugo Bendorff in Anlehnung an aktuelle Gipsabgüsse neu geschaffenen zehn Metopen wurden in einem Denkmaldepot im S-Bahn-Viadukt nahe des Lehrter Bahnhofs eingelagert. 1915 wurde nur noch einiges an den seitlichen Säulen instand gesetzt. Während des Krieges selbst wurden die Kupferbleche des Daches durch Teerpappe ersetzt, um so der Rüstungsindustrie das knappe Buntmetall zu verschaffen.

Das Tor als Verkehrshindernis

Der Aufschwung Berlins zur Metropole und der damit verbundene Anstieg des Verkehrs brachte es mit sich, daß um die Jahrhundertwende Tor und Platz immer wieder zum Gegenstand zahlreicher Umgestaltungspläne und sogar zweier Wettbewerbe wurden. Waren sich Architekten, Ingenieure, Stadtplaner und Politiker doch darin einig, daß das Tor einer Entwicklung der Stadt und den neuen Verkehrsströmen im Wege stand. Das einstmalige Stadttor war nun zum Verkehrshindernis geworden. Selbst renommierte Architekten erklärten sich bereit, das Tor für den oberirdischen Ost-West-Verkehr und einen Nord-Süd-Tunnel freizulegen, d.h. die Häuser Sommer und Liebermann – und gegebenenfalls auch weitere – abzureißen.

Eine Gegenstimme wurde laut, als im Februar 1908 der Stadtbaurat für Tiefbau Friedrich Krause (1856–1925) seinen Entwurf für die Herstellung neuer Verkehrswege zur Entlastung stark belasteter Straßen und Plätze in Berlin veröffentlichte. Hierin artikulierte sich der Widerstand der Kommune gegen die verkehrsplanerischen Alleingänge und geplanten Tariferhöhungen der wirtschaftlich übermächtigen Straßenbahngesellschaft mit ihrer politischen Lobby. Da das Projekt der ‚Großen Berliner‘ auch einen Verbindungstunnel zwischen der geplanten unterirdischen Lindenquerung am Opernhaus und dem Tunnelring unter dem Pariser Platz vorsah, bot Krause eine wesentlich wirtschaftlichere – und realistische – Lösung an, die nur eines Tunnels ohne Abrißvoraussetzungen unter dem ‚Platz vor dem Brandenburger Tor‘ bedurfte. Die Kosten gab Krause mit 815.000 Mark an.

Diejenigen, die sich für die historische Substanz verantwortlich fühlten, argumentierten aus Achtung vor der einmaligen historisch gewachsenen städtebaulichen Anlage prinzipiell gegen die Freilegung des Tores. Am nachdrücklichsten artikulierte sich der Kunsthistoriker Max Osborn (1870–1946), der schon 1905 schrieb, daß ein Tor, das weder Ein- noch Auslaß für Menschen noch für den Verkehr ist, seinen Beruf verfehlt habe. Alle Planungen und selbst der Städtebauwettbewerb für Groß-Berlin von 1910 verliefen aber im Sande.

Republikanisches Zwischenspiel

Traurige Berühmtheit erlangte das Tor in den Wirren der Jahre 1918–20. Schon am 10. November 1918 wurde es durch regierungstreue Truppen besetzt und am 20. November führte der große Trauerzug für die bei den Straßenkämpfen gefallenen Arbeiter durch das Tor. Am 10. Dezember 1918 zog die Garde-Kavallerie-Division in die Hauptstadt ein – natürlich durch das Brandenburger

Tor, wo sie vom Reichspräsidenten Friedrich Ebert mit den Worten begrüßt wurde: „Kein Feind hat euch überwunden! Nun liegt Deutschlands Einheit in eurer Hand!" Ein Augenzeuge erinnert sich: „Schwarz-weißrote Fahnen flatterten im Wind des trüben Dezembertages. Offiziere mit blanken Degen und Feldbinde, Revolver umgeschnallt, kommandierten wie auf dem Kasernenhof ... Vor der Akademie, in der Nähe des Hotels Adlon, sprach Ebert, vor der Französischen Botschaft Haase ... Mit klingendem Spiel, als seien sie die heimkehrenden Sieger, zogen die Truppen hinter ihren glitzernden Offizieren in voller Bewaffnung und mit gefüllten Patronentaschen durch die Straßen Berlins in ihre Kasernen."[91]

Abb. 28: Die Regierungstruppen beziehen Stellung auf dem Brandenburger Tor. Januar 1919.

Anfang 1919, auf der Höhe der Spartakustage, fanden Schießereien am Platz und am Tor statt; immer wieder gab es dabei Verwundete und Tote. Zeitweilig wurde das Tor – ebenso wie der Reichstag heftig umkämpft – besetzt, am 8. Januar sogar mit Schützen. Dennoch bildete es schon am 17. Januar 1919 die Kulisse für einen ‚siegreichen Einzug' der Feldtruppen und am 25. Januar führte der Trauerzug für Karl Liebknecht durch das Tor. Am 3. März wechselte wieder die Farbe der politischen Kulisse – Paul von Lettow-Vorbeck kehrte mit der sogenannten ‚Schutztruppe' aus dem ehemaligen Deutsch-Ostafrika zurück.

Abb. 29: Restaurierung des Tores 1926/27, hier eine Ansicht vom Pariser Platz Richtung Tiergarten

Auch 1920 war es mit den traurigen Ereignissen am Brandenburger Tor noch nicht zu Ende. Während des Kapp-Putsches zwischen dem 13. und 20. März 1920 kam es vor dem Hotel Adlon zu einer Schießerei, bei der es zwölf Tote und 30 Verwundete gab. Eine bei der Restaurierung 1926 aufgefundene Inschrift im Dachkupfer teilte mit: „Hier lagen am 19. 3. 20 vier M.-G.-Schützen mit Hunger."

Die dringend notwendige Instandsetzung der Toranlage und der Quadriga konnte jedoch aufgrund der kritischen Wirtschaftslage erst 1926/27 erfolgen. Die Gesamtmenge – etwa 35 Waggonladungen – und das Einzelgewicht der zu ersetzenden Sandsteine erforderte ein ungewöhnlich tragfähiges Gerüst mit einer Belastbarkeit von 3.000 kg/m², das mit Loren befahrbar war und über zwei elektrisch angetriebene Aufzüge beliefert wurde. Wie die Sandsteinverkleidung hatte auch der plastische Bildschmuck gelitten. Neben den noch eingelagerten zehn Metopen-Kopien von 1913/14 wurden weitere sechs durch Bendorff und eine durch Heinemann ersetzt, die Originale kamen in die Staatlichen Museen. Die stilwidrige Vergoldung des Attikareliefs, eine Hinterlassenschaft des Kaiserreiches, blieb entgegen anderslautender Nachrichten erhalten.

Abb. 30: Als „höchster Pferdestall Berlins" wurde die Wintereinhausung der Quadrigapferde spöttisch bezeichnet. Unabhängig von den Launen des Berliner Wetters konnten die Restaurierungsarbeiten so ohne zeitlichen Verzug im Trockenen ausgeführt werden.

Unter der Leitung des Bildhauers Kurt Kluge (1886–1940), ein Schüler Max Klingers und Professor an der Kunsthochschule, wurden auch an der Quadriga die ersten umfassenden Restaurierungsarbeiten vorgenommen. Da dies vor Ort erfolgte, war sie in einen Holzaufbau eingehaust worden. Die Berliner kommentierten pietätlos wie immer: „Der höchste Pferdestall Berlins!" Tatsächlich war ihr Zustand bedenklich: „Die ganze Figurengruppe, an sich in viele Einzelteile zerlegbar, war nur mit eisernen Bolzen befestigt und endlich durchgerostet, daß die Schrauben kein Gewinde mehr zeigen und sich mit der Hand abheben lassen. Regen hatte das letzte dazu getan..."[92] Neben üblichen Arbeiten wie dem Schließen von Löchern – vor allem Einschußlöchern aus den Jahren 1918–20 – und der Beseitigung von Beulen und Krusten, mußte eine Vielzahl von Eisenteilen in Bronze ersetzt und fehlende Versteifungs- und Befestigungsteile neu eingepaßt werden. Dies galt überraschenderweise auch für die erst 1909 restaurierte *Victoria*.

In den 20er Jahren wurde es ruhiger um Tor und Platz. Dennoch führten die Trauerzüge für den ermordeten Außenminister Rathenau, den Reichspräsidenten Ebert und den Reichskanzler Stresemann entweder direkt am Tor vorbei oder durch dieses hindurch.

Auch die Nazis haben für ihre Aufmärsche und Durchzüge bereits in der Weimarer Republik das Tor in Anspruch genommen. Am 30. Januar dieses

Abb. 31: Festschmuck anläßlich des Geburtstags von Reichspräsident Hindenburg, 1927

Jahres wurde der Marsch vom Wilmersdorfer SA-Sturm 76 geleitet, auf dem Rückweg wurde der Standartenführer des Charlottenburger SA-Sturms 33 Maikowski erschossen. Für ihn veranstalteten die Nazis sogleich am 5. Februar erneut einen Beerdigungszug durch das Tor.

Auffällig ist gleichwohl, daß die offiziösen großen Dekorationsorgien der Kaiserzeit in den 20er Jahren keine Fortsetzung fanden. Das Tor wandelte sich immer mehr zum Symbol der Stadt – der Reichshauptstadt Berlin.

4. Das Tor im Dritten Reich

Der Griff nach der Macht

„In dichten Kolonnen, zwischen denen Musikkapellen marschieren, die militärische Weisen spielen und mit dem dumpfen Wirbel ihrer großen Trommeln dem Marsch den Rhythmus geben, tauchen sie aus den Tiefen des Tiergartens auf, ziehen sie unter der Siegesgöttin des Brandenburger Tores hindurch. Die Fackeln, die sie tragen, bilden einen einzigen Feuerstrom, einen Strom, dessen Wellen ununterbrochen aufeinander folgen, einen schwellenden Strom, der mit herrischer Macht in das Herz der Hauptstadt vorstößt ... Der Feuerstrom zieht an der französischen Botschaft vorüber, von wo ich seiner leuchtenden Spur mit den Blicken folge, das Herz bedrückt und von dunkler Vorahnung erfüllt.“[93]

Die Ahnungen des französischen Botschafters vom 30. Januar 1933 sollten nicht trügen. Gespenstisch blieb das Bild bis heute. Gespenstisch ist nicht nur der festgehaltene Moment, schaudern macht auch das historische Wissen um das, was folgte. Es gibt historische Epochen, über die in gebotener Nüchternheit zu schreiben schwer fällt. „Man kann gar nicht so viel essen, wie man kotzen möchte“, soll Max Liebermann, der von seiner unmittelbar am Tor gelegenen Wohnung aus Zeuge des Spektakels war, geäußert haben.

Zwar war bei den Reichstagswahlen am 6. November 1932 Berlin rot geblieben, die KPD war mit 31 Prozent weiterhin die stärkste Partei, die SPD erhielt 23,3 Prozent – die linken Parteien hatten somit die absolute Mehrheit. Statt Einheit herrschte aber Bruderzwist, und im Reichsmaßstab stand die NSDAP mit 33,0 Prozent unangefochten an der Spitze. Die auf die Wirtschaftskrise reagierende Demagogie der Nazis und die Fehden ihrer Gegner untereinander hatten durchgeschlagen.

Demonstrativ im zivilen Schwarz statt der üblichen Parteiuniform, nahm am

Abb. 32: Der erste April. Karikatur von Th. Th. Heine aus dem „Simplicissimus“ vom 1. April 1924.

Abb. 33: Das Brandenburger Tor als Kulisse zum Zwecke der Machtdemonstration, Fackelzug um 1930

Vormittag des 30. Januar Adolf Hitler seine Ernennung zum Reichskanzler entgegen. Um 19 Uhr setzten sich die im Tiergarten versammelten Kolonnen der SA zu ihrem berüchtigten Fackelzug durch das Tor zum Reichskanzlerpalais in der Wilhelmstraße in Bewegung, um dort ihrem ‚Führer' zu huldigen.

Unmittelbar neben dem Tor setzte sich am 27. Februar 1933 das Unheil fort – der Reichstagsbrand lieferte den letzten Vorwand zur ersten großen Welle physischer Vernichtung Oppositioneller, insbesondere der Kommunisten und der Sozialdemokraten. Dennoch: In den Stadtverordnetenwahlen am 12. März erhielt die NSDAP zwar 86 Sitze, doch hätten die beiden Arbeiterparteien im Bündnis kontern können – die SPD verfügte über 50, die KPD immerhin über 44 Sitze. Bereits am 20. März wurden beide Fraktionen eleminiert...

Das nächste Feuer galt tausenden von den neuen Machthabern unerwünschten Büchern. Am 10. Mai brannten die Werke von Thomas und Heinrich Mann, Franz Werfel, Erich Kästner, Kurt Tucholsky, Arnold Zweig und anderer deutscher Autoren. „Auf dem Kaiser-Franz-Joseph-Platz [dem heutigen Bebelplatz/d.V.] ... sammelten sich bereits um 8 Uhr die Zuschauer, so daß um 9 Uhr der für den Verbrennungsakt bestimmte Raum von dichten Menschenmassen umstellt war. In der Mitte des Platzes hatten die Studenten einen großen Holzstoß aufgeschichtet. ... Bis zum Brandenburger Tor sah man Menschenmassen in Bewegung, so daß der Eindruck eines Volksfestes hervorgerufen wurde."[94] Ein mittelalterliches Autodafé als Auftakt moderner Barbarei...

Wenn auch in jenen Jahren das Brandenburger Tor selbst baulich nicht verändert wurde, so geschah doch bemerkenswertes neben und unter dem Tor. Im Februar 1934 wurde mit dem Bau der Tunnelstrecke der Nord-Süd-S-Bahn zwischen Stettiner und Anhalter Bahnhof begonnen, deren erste Pläne bis in das Jahr 1892 zurückreichten. Das aufwendige Vorhaben wurde erst am 15. Mai 1939 abgeschlossen. Aufgrund der ungebührlichen Eile beim Tunnelbau kam es am 20. August 1935 zu einem schweren Unglück, bei dem 19 Arbeiter ums Leben kamen, als am Bauabschnitt Hermann-Göring-Straße (Ebertstraße) die Absteifungen des S-Bahnschachtes wie Streichhölzer wegknickten und die bis zu 15 m tiefe Baugrube einbrach. Der erste Teilabschnitt mit dem Bahnhof ‚Unter den Linden' – zwischen Schadow- und Wilhelmstraße – als vorläufigem südlichem Endpunkt aber wurde trotzdem pünktlich am 28. Juli 1936 zu den Olympischen Spielen, deren offizielles Plakat die Quadriga mit einem olympisch-germanischen Recken zierte, eröffnet. Die Fortsetzung der Strecke zum Potsdamer Platz verlief in scharfem Bogen unter dem Pariser Platz unmittelbar an der Ecke des südlichen Torhauses vorbei und unterquerte dann das ehemalige ‚Oppenheimsche Palais'.

‚Germania' contra ‚Victoria'

Nicht zum ersten, und – wie sich schon wenige Jahre später zeigen sollte – auch nicht zum letzten Mal in der Geschichte wurde nach der Festigung der politischen Macht die herrschende Ideologie zum bestimmenden Faktor für Architektur und Städtebau. Die damit einhergehenden Maßnahmen sind dabei eng mit einem Namen verknüpft: Albert Speer (1905–1981).

Der Aufstieg Albert Speers im Dritten Reich war kometenhaft und verlosch mit dessen Ende ebenso schnell hinter den Mauern des Spandauer Kriegsverbrechergefängnisses. Nach Studien an mehreren Universitäten hatte Speer 1928 sein Architekturstudium bei Heinrich Tessenow abgeschlossen. Nach einem vergeblichen Versuch, als Privatarchitekt Fuß zu fassen, besann sich Speer auf seine NSDAP-Mitgliedschaft und stieg 1932 in die Wahlkampfzentrale der Partei in Berlin ein. Anfang 1936 hatte er Hitler vor allem mit Kulissenarchitekturen für die Massenschauspiele der NSDAP in Nürnberg und München von seiner Eignung als Partei- und ‚Architekt des Führers' überzeugt. Am 30. Januar 1937 wurde er zum mit ministeriellen Befugnissen ausgestatteten ‚Generalbauinspekteur für die Reichshauptstadt Berlin' (GBI) bestellt. Ab 1942 schuf Speer Arbeitsstäbe für den Wiederaufbau kriegszerstörter deutscher Städte; sie sollten mit dem Schlimmsten rechnen und für die Zeit nach dem Sieg planen. Ohne daß dies ins Bewußtsein der Öffentlichkeit gedrungen wäre: Nach dem Krieg sind – unter der Leitung seiner Vertrauensleute – zahlreiche (west-)deutsche Großstädte auf der Basis dieser Planungen wiederaufgebaut worden. Speers bemerkenswertes Engagement als ‚Reichsminister für Rüstung und Kriegsproduktion' (ab 1942) wurde im Nürnberger Kriegsverbrecherprozeß am 1. Oktober 1946 mit 20 Jahren Haft quittiert. Seine Verbrechen – geplante und ausgeführte – an deutschen Städten und am Ruf des deutschen Städtebaus, blieben dagegen ungesühnt.

Am 4. Oktober 1937 wurde das *Gesetz zur Neugestaltung deutscher Städte* erlassen, auf dessen Grundlage ‚Neugestaltungsprogramme' für die Reichshauptstadt und alle ‚Gauhauptstädte' ausgearbeitet wurden. Noch vor seiner Ernennung zum ‚GBI' und jenem Gesetzeserlaß hatte Speer im März 1936 im Geheimen mit der Planung begonnen. „Um seine Dienststelle reibungslos und effektiv arbeiten lassen zu können, war sie, obwohl von den rechtlichen Befugnissen her einem Reichsministerium gleichgesetzt und letztlich nur dem »Führer« gegenüber verantwortlich, vom Status her eher einem wissenschaftlichen Institut vergleichbar. ... Bedingt durch die Art und Weise ihres strukturellen Aufbaues und Speers Personalpolitik war sie dadurch weitgehend der sonst üblichen Verfilzung und Kontrolle der Partei entzogen.“[95]

Hauptelement des Speerschen Umgestaltungsplanes für Berlin – der zum Grundschema für die vorgesehene Umgestaltung der ,Gauhauptstädte' wurde – war ein Achsenkreuz mit vier konzentrischen Ringen, das ganz bewußt die ,bourgeoise' Stadtstruktur des 19. Jahrhunderts zerstören sollte. Der Umbau der Reichshauptstadt in den Grenzen des Autobahnringes – die Grundsteinlegung fand am 27. November 1937 statt – sollte mit der Fertigstellung der Nord-Süd-Achse und der Umbenennung Berlins in ,Germania' im Jahr 1950 abgeschlossen werden. Das eigentliche – brutal-gigantische – Kernstück der neuen Stadtplanung bildete dabei die sieben Kilometer lange Triumphstraße, die, Teil der Nord-Süd-Achse, zwischen den beiden in der Gegend des Leopoldplatzes im Norden und im Süden nahe des S-Bahnhofes Papestraße geplanten Zentralbahnhöfen verlaufen sollte.

Abb. 34: Ein Vorgeschmack auf das Speersche Berlin... Blick vom Tiergarten auf das Brandenburger Tor und die zur Naziprachtmeile umgestalteten ,Linden', 1938

Von stadtfunktionellen Erfordernissen und Erwartungen losgelöst, wurden hier zusätzlich Achsenkreuze, Monumentalbauten und Plätze aneinandergereiht. Für deren Bau konnte Speer so bedeutende Architekten wie Paul Bonatz, Wilhelm Kreis und German Bestelmeyer gewinnen. Gegen den Widerstand der NSDAP-Führung wurde Peter Behrens mit dem Entwurf der neuen AEG-Verwaltung an der ,Großen Achse' beauftragt. Heinrich Tessenow aber – Speers Lehrer – lehnte eine Mitarbeit ab. Allein der Bau dieser Prachtstraße hätte den Abriß von über 25.000 Wohnungen erfordert, insgesamt wären ,Germania' 3,63 Prozent der Berliner Wohnungen zum Opfer gefallen, von Verwaltungs- und Kulturbauten, Grünflächen und historischen Bauten ganz zu schweigen.

Eines der ,Prachtstücke' dieser Schöpfung auf der zur unfaßlichen Breite von 120 Metern zerödeten Großen Achse sollte der gigantische Triumphbogen von 117 Metern Höhe und 170 Metern Breite mit einer Tiefe von 119 Metern im Süden sein. Wie sein nördliches Gegenstück, die Große Halle, hätte er die Silhouette Berlins und die Menschen erdrückt. Die Große Halle, ein gigantischer Kuppelbau von 290 Metern Höhe über einer quadratischen Grundfläche von 315 Metern Seitenlänge hätte bis zu 180.000 Menschen fassen können. Ausgerechnet als nördlicher Abschluß des Königsplatzes und Mittelpunkt des neuen Regierungsviertels im Spreebogen sollte dieses Monstrum errichtet werden, mit dem Reichstag gleichsam als Spolie in der Platzumbauung. Beide Entwürfe folgten Skizzen Hitlers aus dem Jahre 1925. Nach Norden hatten die Planer bis zum Bahnhof ein 1.200 Meter langes und 400 Meter breites Wasserbecken vorgesehen, gesäumt von Bauten gleicher Unmaßstäblichkeit.

Auch das Brandenburger Tor blieb von der Planungswut Speers nicht verschont.

Wie schon einmal um 1906 anvisiert, sollte nunmehr die Wirkung des Tores und der Platzraum durch dessen ‚großzügige‘ Freistellung zerstört werden. Im Unterschied zu früheren Planungen sollten nun aber die Torhäuser mit abgerissen und das Tor von seiner Umgebung quasi separiert werden. Die anstelle der Torhäuser angelegten Durchfahrten, seitlich begleitet von pseudoklassizistischen Hallen, bedingten ferner den Neubau der Anschlußbauten entlang der Ebertstraße, die gleichfalls in der Grobheit der ‚Achsen‘-Architektur gehalten sein sollten. Von diesen Maßnahmen wären auch die Anwesen Pariser Platz 5a–6a betroffen gewesen, verschont bleiben sollte hingegen die Französische Botschaft.

Die Nationalsozialisten beließen es nicht bei einer planerischen Okkupation. Abgesehen von der Französischen Botschaft und dem 1931 vor den USA als Botschaft angekauften und wegen eines verheerenden Brandes im gleichen Jahr erst 1939 bezogenen ‚Palais Blücher‘ wurden alle anderen Häuser von Reichsbehörden bezogen, teilweise bereits angekauft oder enteignet. Die Nr. 3 bezog der Generalinspekteur für das deutsche Straßenwesen Fritz Todt (1891–1942), dem 1942 Albert Speer nachfolgte. Als ‚Generalbauinspekteur‘ hatte Speer seit 1937 seinen Dienstsitz im ehemaligen ‚von Arnimschen Palais‘ am Pariser Platz 4. Die hier seit 1907 residierende Akademie der Künste wurde in das Kronprinzenpalais verlegt.

1939 wurde auch die Nr. 5a an den Straßen-Generalinspekteur Todt zwangsverkauft, die restlichen Grundstücke der Nordseite belegte schrittweise Speer mit seinen Behörden. Auf diese Weise war der Pariser Platz zum staatlichen Zentrum für die materielle Sicherstellung der deutschen Kriegsführung im Zweiten Weltkrieg mutiert. Dazu gehörte durchaus auch das Berliner ‚Hauptquartier‘ der IG-Farben AG, das von Mebes & Emmerich ab 1938 auf dem auf

Abb. 36: Der „Wagen von Compiègne" auf dem Weg zur Aufstellung im Lustgarten am Tag der Wehrmacht

der Nordseite bis zur Dorotheenstraße zwischen Pariser Platz und Neuer Wilhelmstraße sich erstreckenden Grundstück errichtet wurde und unvollendet blieb. In dem einzigen unzerstörten hinteren Flügel hatte bis zur Auflösung 1990 die NVA-Kommandantur des Brandenburger Tores ihren Sitz.

Gravierend wären die Verunstaltungen am Platz selbst vielleicht noch nicht einmal gewesen, da die Nähe zum überdimensionalen Nazi-Dom ‚Große Halle' vom Brandenburger Tor ohnehin nichts als dekorative Kleinarchitektur übrig gelassen hätte. „... für unsere große Halle", schreibt Speer, „und für die übrigen Gebäude, die den zukünftigen »Adolf-Hitler-Platz« umsäumen sollten, wurden bereits vor 1939 zahllose alte Gebäude in der Nähe des Reichstags, die im Wege standen, niedergelegt, Untersuchungen des Baugrundes vorgenommen, Detailzeichnungen angefertigt und Modelle in natürlicher Größe aufgebaut. Für die Außenfassade waren bereits Millionen für Granitankäufe ausgegeben worden, und zwar nicht nur in Deutschland, sondern wegen des Devisenmangels auf besonderen Befehl Hitlers auch in Südschweden und Finnland."[96]

Die Realität nahm einen anderen Verlauf. Der Krieg bereitete dem größenwahnsinnigen Architektentraum ein Ende. Statt der Abrißbirnen kamen die Alliierten, und ihre Bomben rissen aus der Luft ab, was Hitler stehengelassen hatte. Von ‚Germania' blieben nur die gewaltigen, unvollendet gebliebenen Tunnelbauten um die Kreuzung der beiden Achsen übrig, deren Rudimente am Reichstag und unter dem Sowjetischen Ehrenmal im Tiergarten erst im Zuge der Bauarbeiten für die ‚Bundeshauptstadt Berlin', das heißt für das Regierungsviertel, entfernt wurden.

Nach dem 6. Juli 1940, dem Defilee zum Sieg über Frankreich, gab es kaum noch Siegesparaden am Tor. Nur am ‚Heldengedenktag' 1941, am 16. März, wurde der ‚Waggon von Compiègne', in dem 1918 die deutsche Kapitulation unterzeichnet worden war, im Triumphzug durch das Brandenburger Tor ‚heimgeholt'. Es war eine Trophäe eigener Art: Hitler hatte es sich nicht nehmen lassen, die französische Kapitulation am 22. Juni 1940 in eben diesem Waggon und am gleichen Ort unterzeichnen zu lassen.

Götterdämmerung am Brandenburger Tor

Wenngleich auch die eigentliche Zerstörung erst im Finale 1945 stattfand, so setzte der Krieg doch schon früh Zeichen am Pariser Platz. 1942 erging der Auftrag, die Quadriga in Gips abzuformen, was im Jahr darauf – mit Ausnahme von Wagen und Siegeszeichen – auch erfolgte und 1956 überhaupt erst die Möglichkeit zur Wiederherstellung des historischen Ensembles bot. Die Ahnung vom bevorstehenden Bombenkrieg war zwar nicht zu verdrängen, der Abbau der Quadriga aber aus Gründen der Erhaltung der Durchhaltemoral nicht möglich. Beginnend am 12. Februar 1943 wurde für die rüstungswichtige Buntmetallgewinnung die kupferne Dachdeckung gegen Dachpappe ausgetauscht.

Das makabre Schauspiel des untergehenden Dritten Reiches wurde am Tor in voller Länge inszeniert. Am 12. November 1944 nahm Goebbels als Gauleiter von Berlin vor der geschlossenen Französischen Botschaft den Vorbeimarsch des zuvor auf dem Wilhelmplatz vereidigten Berliner Volkssturms ab. Noch am 26. April 1945 landete Deutschlands Fliegeridol, die leidenschaftliche Hitlerverehrerin Hanna Reitsch (1912–1979) mit dem ‚alten Kämpfer‘ Robert Ritter von Greim (1892–1945) in einem Fieseler Storch auf der ‚Kriegslandebahn‘ Ost-West-Achse unmittelbar am Brandenburger Tor. Wie in diesen Tagen die Umgebung aussah, schildert Hans-Georg von Studnitz in seinen Erinnerungen: „Jenseits des Tores gleicht der Tiergarten einer Waldlandschaft aus dem ersten Weltkrieg. Zwischen Bataillonen gefällter Parkbäume ragen die Stümpfe ihrer Kronen beraubter Eichen und Buchen. Die Charlottenburger Chaussee bedecken zerrissene Tarnnetze, versackte Autos, ausgebrannte Lastzüge, zwischen denen eine Völkerwanderung von Obdachlosen verstört dem Großen Stern zustolpern.“[97]

Abb. 37: Die Stunde Null

Am 28. und 29. April wurde das Tor zur Ruine. Seine Stellung als Panzersperre inmitten der ‚Zitadelle‘, dem innersten und letzten Verteidigungsring um das politische und administrative Zentrum Nazideutschlands, führte in

Abb. 38: 1945...

den Endkämpfen um den Reichstag zur Zerstörung der Torhäuser und weitgehenden Beschädigungen der Reliefs und zum Verlust der *Athena*.

Die Quadriga wurde durch gezieltes Panzer- oder Artillerie-Geschützfeuer nach Westen abziehender deutscher Truppen um den 30. April zerstört. Ein Treffer durchschlug die Attika links unter dem Wagen, ein zweiter Treffer vernichtete die *Victoria*.[98] Nur zwei Pferde überstanden das Inferno. „Das Brandenburger Tor" – so die Erinnerung eines Augenzeugen – „türmt sich vor mir auf, einst Zeichen des Sieges, Symbol für Preußens Gloria ... Beim Näherkommen ein Heulen und Krachen, Hinwerfen, ein Steinschauer über mich, eine Granate war in den Architrav gefahren, nicht die erste und einzige. Das mächtige Tor ist schwer mitgenommen, seine Werksteine und oben die Quadriga sind schwer beschädigt. ... Schleiche über den Pariser Platz, auf dem noch und noch zerstörte Fahrzeuge herumliegen, und finde hinter einer Splitterschutzwand den Eingang ins Adlon. Die Eingangshalle großartig, wenn auch nur schummrig beleuchtet, nie sowas gesehen, außer im deutschen Ausstattungsfilm, »Reichsnobelherberge«! Matrazen dicht an dicht auf dem Marmorfußboden und Tragen, darauf Schwerverwundete, Bauchschüsse, Kopfschüsse, Amputierte, dazwischen Ärzte, Sanis, Schwestern. Auch Unverwundete in Uniform, hohe Chargen, Leibärzte sagt man, Waffen-SS-Offiziere, gehen umher."[99]

Schon um 6 Uhr früh dieses 30. April hatten Sowjetische Soldaten die benachbarte Kreuzung Unter den Linden/Wilhelmstraße erreicht, die Rote Fahne auf dem Tor wurde aber erst im Laufe des 2. Mai gehißt, am Vormittag jedenfalls fiel sie einem Augenzeugen im Adlon noch nicht auf: „Ich trete auf den Eckbalkon und sehe ein weltbekanntes Bild vor mir: das Brandenburger Tor. Riesenhaft steht dieses Symbol preußisch-deutschen Siegens da im Frühlicht, dunstverhangen. Es schaudert mich."[100]

5. Tor und Rote Fahne

Bilanz 1945

Am Wohnzimmertisch der Hausbesitzerin Anni Goebels in Tempelhof, Schulenburgring 2, Hochparterre rechts, endete im Frühlicht des 2. Mai 1945 formal der Zweite Weltkrieg für Berlin. Hier – seit dem 27. April Befehlsstand des Oberbefehlshabers der 8. Gardearmee der 1. Belorussischen Front Generalmajor Wassili Iwanowitsch Tschuikow – unterzeichnete gegen 6.00 Uhr der letzte Kampfkommandant der Berliner Garnison, Generalleutnant Helmuth Weidling (1891–1955), die Kapitulation der im Kessel um das Regierungsviertel und an anderen Orten der Innenstadt eingeschlossenen deutschen Truppen.

Wenige Stunden später wehte die Fahne der Sieger auf dem Brandenburger Tor – oder auf dem, was von ihm übrig geblieben war. Die Torhäuser und Säulenhallen nur noch als Umfassungsmauern

Abb. 39: Sowjetische Soldaten hissen die Rote Fahne auf dem Brandenburger Tor, dahinter die zerstörte Quadriga

vorhanden, einige der mächtigen Torsäulen zersplittert und kaum noch das Gebälk stützend, die Fassaden und Reliefs von Einschlägen zerlöchert, die *Athena* zertrümmert. Und die Quadriga? Die *Victoria* und das Siegeszeichen waren verschwunden, zwei Pferde nur noch verbogenes Blech, die beiden anderen in der Form noch erkennbar. „Ein Roß blieb heil, ein zweites lehnt sich, schwer getroffen, an das gesunde. Der Rest des Wagens, einschließlich der

Siegesgöttin, wurde atomisiert", berichtet ein ostdeutsches Blatt im Frühjahr 1946.[101]

Das geringste Nachkriegsproblem waren die zerstörten Denkmale. Schwerwiegender waren hingegen die geistigen Trümmer und die zerstörten materiellen Lebensgrundlagen der Stadt: Von 226 Brücken waren 128 zerbombt, von 33.000 Krankenhausbetten gab es noch 8.500, von ehemals 1.562.000 Wohnungen waren noch 370.000 bewohnbar. Im unmittelbaren Innenstadtbereich um das Brandenburger Tor lagen die Zerstörungen weit über dem Durchschnitt. Galt Berlins Wohnraumbestand zu 23,7 Prozent als total zerstört, so waren es im Bezirk Tiergarten 32,2 Prozent und in Mitte sogar 34,6 Prozent – ein Drittel![102]

Auch in diesen Tagen hatte das Tor Symbolcharakter. Von der ersten Stunde der Nachkriegsruhe an pilgerten die Bezwinger des Dritten Reiches zur Reichskanzlei, zum Reichstag und zum Brandenburger Tor. Der Pariser Platz war tagelang Ort von Siegeskundgebungen. Auch Jewgeni Dolmatowski, Lyriker und 1945 Sowjetmajor, war schon am 2. Mai hier: „Ich las meine Gedichte, las lange, denn von der Siegesallee, von Unter den Linden und aus anderen Straßen kamen immer wieder neue Zuhörer heran. Ganz in der Nähe – im Tiergarten – hörte man deutsche Kommandostimmen: die kapitulierende Berliner Garnison legte ihre Waffen nieder und stellte sich in Marschkolonnen auf."[103] Auch diese Kolonnen zogen durch das Tor – in die Ungewißheit der Gefangenschaft. Dann sollten andere durch das Tor und an ihm vorbei marschieren: die Siegermächte. Jetzt war das Brandenburger Tor wieder ein Siegestor, aber nicht für einen Sieg der Deutschen, sondern den der Alliierten.

Für und Wider die Quadriga

Was sollte man mit dem Tor machen? Durfte man es sichern, abreißen, wiederaufbauen? Obwohl im Berlin des Jahres 1945 viel dringendere, lebenswichtigere Probleme anstanden, gab es auch über seine Denkmäler durchaus lebhafte Diskussionen – unter den Besatzern, zwischen Besatzern und Besetzten und unter den Besetzten.

Am 16. Mai 1945 installierte die Sowjetische Militäradministration Deutschlands (SMAD) für Groß-Berlin in den Grenzen von 1920 einen Magistrat, politisch beherrscht von der Gruppe Ulbricht (KPD). Oberbürgermeister wurde der parteilose Ingenieur Dr. Arthur Werner, sein Stellvertreter Karl Maron (KPD). Für das Schicksal des Brandenburger Tores zuständig waren als Stadträte Hans Scharoun für Bau und Wohnungswesen und für die Planung Paul Schwenk.

Denkmale, und waren sie noch so bedeutend, konnten in der Trümmer-
landschaft unmittelbar nach Kriegsende kaum Gegenstand der Tätigkeit deutscher Verwaltungen sein. Anders gesetzt waren hingegen die Prioritäten bei
den Siegern. Die SMAD hatte für die öffentlich sichtbare Verewigung des Sieges zu sorgen, die sehr uniform erfolgte. „Nach revolutionären Anfängen hat
sich der Kunstgeschmack der Sowjets behaglich im vergangenen 19. Jahrhundert eingerichtet, aus dem auch ihre Vorliebe für Denkmäler stammt. Jetzt
errichten sie überall ... Ehrenmale für ihre siegreichen Truppen und die gefallenen Soldaten.“[104]

Noch im Sommer 1945 bereitete die SMAD im engeren Umfeld des Brandenburger Tores den Bau des Ehrenmals an der Kreuzung der Charlottenburger Chaussee (Ost-West-Achse) mit der Siegesallee vor, dessen Einweihung
bereits am 7. November, dem Jahrestag der Russischen Oktoberrevolution,
stattfand. Später sollte sich herausstellen, daß unter dem Denkmalareal Tun-
nelrudimente der von Speer in zwei Ebenen geplanten Kreuzung von Ost-
West- und Nord-Süd-Achse verborgen waren. Bemerkenswert war die Entstehung dieses Ehrenmals in mehrfacher Hinsicht – zum einen, weil man
deutsche Künstler in die Ruine der Akademie der Künste am Pariser Platz ein-
quartierte, wo sie das Ehrenmal zu entwerfen hatten, zum anderen, weil die
Ruine der Reichskanzlei als Marmorbruch diente. Für dieses Denkmal, wie
auch – außer der monumentalen Rotarmistenstatue mit dem Kind – für das
Ehrenmal im Treptower Park, goß die Fa. Hermann Noack die Bronzen, vom
Sowjetstern bis zur Rotarmistenfigur. Und das unter kuriosen Bedingungen,
hatte doch die SMAD gerade Noacks Gießerei als Reparationsleistung de-
montieren lassen. „Kaum sind die Anlagen ... abgebaut, da trifft aus Moskau
ein umfangreicher Sonderauftrag ... in der Gießerei ein, die keine mehr ist.
Den russischen Offizieren blieb nichts anderes übrig, als einen Teil der Be-
triebseinrichtung zurückzugeben. ... so verlassen jetzt unzählige überlebens-
große Sowjetsoldaten die unvollkommene, wie durch ein Wunder wenigstens
teilweise gerettete Werkstatt.“[105] In dieser Werkstatt sollte ein Jahrzehnt später auch die Quadriga neu erstehen...

Kurz vor der Einweihung des Ehrenmals forderte der stellvertretende Oberbürgermeister Maron in der Magistratssitzung am 30. Oktober 1945 die Beseitigung der Siegesallee, die als Denkmal des preußisch-deutschen Ungeistes
gesehen wurde. Ganz logisch war diese Forderung nicht – die Siegesallee exi-
stierte schon nicht mehr. Maron meinte offenbar, sie solle nicht wiederhergestellt werden. Über das Brandenburger Tor fiel noch kein Wort, die deutschen
Denkmale standen offiziell noch nicht zur Debatte.

Schon in diesem frühen Stadium – vielleicht sogar schon vor Kriegsende –
begann sich eine ideologisch determinierte Bewußtseinsspaltung bemerkbar
zu machen. Es war schließlich nicht ein normaler Krieg innerhalb eines gesellschaftlichen Systems zu Ende gegangen, hier hatten sich in bisher einma-
liger Konstellation Ideologien gegenüber gestanden. Im Osten war das Feind-

bild klar von der in Mord und Folter ausgearteten politischen Verfolgung der Kommunisten und der versuchten Ausrottung von Völkern oder Bevölkerungsgruppen in den von der Wehrmacht besetzten Ländern geprägt, die Judenverfolgungen unterlagen schon einer gewissen Unschärfe. Im Westen wollte man auch mit den Nationalsozialisten abrechnen, hier aber vor allem wegen der Greueltaten und dem Genozid an den Juden. Fixiert wurden nicht die Bilder der brennenden russischen Dörfer oder des ermordeten KPD-Vorsitzenden Ernst Thälmann und seiner toten Genossen, sondern Bilder aus dem Warschauer Ghetto, von Leichenbergen in Auschwitz, Maidanek, Treblinka.

Zwangsläufig mußte sich diese Einseitigkeit in der Sicht auf das Gestern auch in der Interpretation des Vorgestern spiegeln. Die in der SBZ (Sowjetisch Besetzte Zone) und später in der DDR zugrunde gelegte Definition des ‚kulturellen Erbes' – nur diese materiellen Zeugnisse der Kulturgeschichte waren erhaltenswert – war bestimmt und eingeengt vom jahrzehntelang undifferenziert und dogmatisch im gesellschaftlichen Leben durchgesetzten ‚Klassenstandpunkt' mit Absolutheitsanspruch. Die Bewertung von Kulturgut in weitestem Sinne wurde vordergründig politisch zweckbestimmt.

Die Grenzen zwischen verachtens- und vernichtenswerter Symbolik eines unmenschlichen Systems und hervorragenden Kunstwerken vergangener Epochen, die sich dieses System angeeignet hatte, verschwimmen, und Unbequemes läßt sich problemlos ‚entsorgen': „Historisch betrachtet führt eine gerade Linie von Luther über den Großen Kurfürsten, über Friedrich II. und seine Nachfolger, über Bismarck und die Ära wilhelminischer Zeit bis zu Hitler."[106] So 1947 ein Wolfram v. Hanstein in seinem Werk *Von Luther bis Hitler*, Lizenz-Nr. 169 der SMAD. Die Zeit für eine differenzierte, weniger emotional-propagandistisch und vordergründig-ideologisch, sondern wissenschaftlich bestimmte Geschichtsschreibung war noch lange nicht gekommen. Zu tief saß bei den nun im sowjetischen Einflußgebiet Macht ausübenden ehemaligen politischen Häftlingen, Emigranten und überlebenden Widerstandskämpfern der Haß auf Faschismus und Preußentum.

Wie seit grauer Vorzeit üblich, setzte eine undifferenzierte Bilderstürmerei ein, Kennzeichen eines jeden radikalen gesellschaftlichen Umschwunges. Nicht der künstlerische bzw. historische Wert, der Sinn des Werkes in seiner Entstehungszeit, die Persönlichkeit seines Schöpfers – und vieles anderes mehr – waren Maß der Bewertung von jahrhundertealten Werken, sondern nur der Gebrauch oder Mißbrauch durch ein diskreditiertes politisches System. Und das reichte vom preußischen Königtum über das deutsche Kaisertum bis zum Nationalsozialismus. Damit war die Gesamtheit der deutschen Kulturwerte weitgehend subjektiver Interpretation ausgeliefert. Wenn in einer Meldung mit dem Untertitel „Entnazifizierung der Berliner Denkmäler" auch sogleich die Quadriga genannt wurde, muß man nicht lange über ihr fiktives Schicksal meditieren, wenn sie 1945 erhalten geblieben wäre. Denn auf dem

Index standen auch Werke von Andreas Schlüter, Alexander Calandrelli und Christian Daniel Rauch.

Auf der Tagesordnung stand der radikale Bruch mit der Vergangenheit – notfalls mit Zwang. In der Magistratssitzung vom 16. Februar 1946 wurde Scharoun beauftragt, eine Liste aller erhaltenen Denkmäler vorzulegen, um zu entscheiden, was beseitigt und was erhalten werden sollte. Wie so oft, kamen Vorschläge ,aus dem Volk'. Der Architekt Günter Herkt schlug vor, das Tor aus verkehrstechnischen Gründen freizustellen, wie es schon die Speer-Planung 1940 vorgesehen hatte. Herkt meinte allen Ernstes, statt der Quadriga „eine Gruppe »Werktätiger« mit einer Mutter, die ihr »goldenes« Kind der leuchtenden Sonne entgegenstreckt, als das Sinnbild eines neuen, sonnigen Lebens" aufzustellen.[107] Es gab ähnliche, nicht weniger absurde Vorschläge...

Am 13. Mai 1946 erließ das Koordinierungskomittee des Alliierten Kontrollrates die Richtlinie Nr. 30 zur *Liquidierung deutscher militärischer und nazistischer Denkmäler und Museen.* Otto Winzer (1902–1975), Stadtrat für Kultur und später DDR-Außenminister, legte am 18. Mai 1946 die endgültige Liste der Denkmäler vor, die entfernt bzw. abgerissen werden sollten, darunter Bismarck, Friedrich Wilhelm III, Königin Luise, etc.. Auch die Siegessäule sollte gesprengt werden. Das Brandenburger Tor stand nicht auf der Liste.

Am 21. Mai 1946 meldete die *Berliner Zeitung* unter der Schlagzeile „Die Siegessäule wird abgetragen", daß der Magistrat bei der Alliierten Kommandantur die „Genehmigung zur Abtragung der sogenannten Siegesallee, der Siegessäule am Großen Stern, des Denkmals Wilhelms I. an der Schloßfreiheit ... sowie 40 weiterer Denkmäler und Embleme nationalsozialistischen bzw. militaristischen Charakters beantragen" werde. Geschichtsbewältigung durch Abriß nahm hier in Berlin ihren Anfang. In der gleichen Meldung heißt es weiter: „Das Wahrzeichen Berlins, die Viktoria mit dem Viergespann auf dem Brandenburger Tor, ist so zerstört, daß eine Wiederherstellung kaum in Frage kommt. Es wird daher ernstlich erwogen, eine neue Gruppe als »Symbol des Wiederaufbaus« auf das Brandenburger Tor zu setzen."

Während man also über verschiedene Formen der Wiederherstellung nachdachte, fiel Berlin in finsterste Nacht. Die Stadtverordnetenversammlung wurde gesprengt, getrennte Währungen eingeführt, die Sowjets begannen die

Abb. 40: Zerstörungen zeugen vom Bankrott des einen, Plakate künden bereits vom Herrschaftsantritt eines neuen Systems: Plakate der Sozialistischen Einheitspartei Deutschlands (SED) auf dem zerstörten Athena-Relief in der nördlichen Säulenhalle des Brandenburger Tores, 1947

Blockade, die anderen drei Siegermächte antworteten mit einer Luftbrücke. Berlin war gespalten, an Denkmalpflege, Denkmalschutz war nicht zu denken. Die Luft war nicht nur voller Flugzeuge, sie war auch politisch dick!

Es konnte nicht ausbleiben, daß die wichtigsten Berliner Bauten zu wahren Kulissen der Politik wurden; das Brandenburger Tor, der Pariser Platz, der Reichstag und der Platz der Republik wurden in den Strudel gezogen. Nach Ernst Reuters berühmter Rede vor dem Reichstag am 9. September 1948 („Ihr Völker der Welt...! Schaut auf diese Stadt!") kam es zu einer Schießerei auf dem Pariser Platz, wobei eine Person – ein fünfzehnjähriges Mitglied der SPD-Jugendorganisation ‚Die Falken' namens W. Scheunemann – angeschossen wurde und auf dem Wege ins Krankenhaus starb. Danach holten junge Leute die seit 1945 oben wehende rote Fahne vom Tor. Gegen 22 Uhr hißten sowjetische Soldaten eine Sowjetfahne mit Hammer und Sichel.

Wenn vom Brandenburger Tor und der Quadriga in den Zeitungen wenig Notiz genommen wurde, so arbeiteten doch viele Kräfte hinter den Kulissen, damit am Pariser Platz etwas geschehe. Im Sommer 1949 wurde bekannt, daß es Vorbereitungen zum Wiederaufbau des Brandenburger Tores gab. Das ‚Amt Museen und Sammlungen' des Magistrats reagierte prompt und bestimmt: „Wie wir einer Pressenotiz entnehmen, soll das Brandenburger Tor wieder instandgesetzt werden. Wir legen grössten Wert darauf, für die Museen die Überreste der Victoria zu erhalten.

Bitte geben Sie uns rechtzeitig Bescheid, wann und wo wir die Überreste der Victoria in Empfang nehmen können."[108]

Tatsächlich war es jetzt so weit. Am 1. September 1949 beschloß der Magistrat die beschleunigte Enttrümmerung der Straße Unter den Linden und die Vorbereitungen zur Wiederherstellung des Brandenburger Tores – das Tor sollte durch Abriß der Torhaus-Ruinen freigestellt werden. Postwendend protestierte bereits am 21. November Paul Ortwin Rave, Direktor der Nationalgalerie und exzellenter Kenner der Berliner Baugeschichte. Nach ausführlichen Hinweisen auf die gleichartige Speersche Planung forderte er: „Selbstverständlich müssen die Nebenhallen und anschließenden Baulichkeiten den Pariser Platz als Platzraum umschließen. Denn das Brandenburger Tor ist ein Tor und kein zweckloses Denkmal."[109]

Es gab auch den Vorschlag, Picassos Friedenstaube auf das Tor zu stellen. Eine West-Zeitung konnte sich ihre Häme nicht verkneifen: „Zur Friedenstaube, die am Eingang zur kommunistischen Welt friedlich ihr Nest baut, gehörte allerdings ein Transparent quer über die Front des Brandenburger Tores. Ein klassisches natürlich in dieser klassischen Umgebung. Vielleicht die Überschrift zu Dantes Inferno: »Laßt, die ihr eingeht, alle Hoffnung fahren!«"[110]

Da solch unsinnigen Ideen zu dieser Zeit durchaus reale Chancen hatten, reagierte der Architekt Selman Selmanagic (1905–1986) vom Amt für Denkmalpflege in einer „Klarstellung" an den Magistrats-Direktor Heinrich Starck am 10. November recht heftig: Es „erhebt sich die Frage: warum soll hier der Sinn, der diesem Bauwerk bezw. der Quadriga, zugrunde lag, entstellt werden. Diese Handlung entspricht keiner menschlichen Empfindung ... wir bitten, die Notiz, die in der Berliner Zeitung stand, zu dementieren. ... Wir glauben, die Quadriga vom Brandenburger Tor zu entfernen wird unnötig große Auseinandersetzungen geben, zumal von vornherein feststeht, daß sie oben ... bleiben wird." Epochal seine abschließende Empfehlung: „Es wird .. gebeten, sich besonders der Presse gegenüber in Zukunft nicht so leichtfertig über Sachen zu äußern, bevor man nicht die historischen Zusammenhänge festgestellt hat."[111]

Abb. 41: Gemüseanbau im Tiergarten 1947

Die Maschinerie für die Wiederherstellung des Brandenburger Tores schien in Gang zu kommen. Nach der September-Vorlage beschloß der Magistrat nochmals in seiner 55. Sitzung am 15. Dezember, das Brandenburger Tor zu restaurieren. „Die stark beschädigte Quadriga, die nicht wiederhergestellt werden kann, soll in einem Museum aufbewahrt werden. Die Abteilung Bau- und Wohnungswesen wird beauftragt, das Originalmodell ... aus den Westsektoren zu besorgen."[112]

Zu einer planmäßigen Bergung der Überreste der Quadriga kam es indessen nicht. Auf wessen Veranlassung, ist nicht auszumachen, aber sie wurden ohne viel Federlesens beseitigt. In Vorbereitung des 1. Deutschlandtreffens der Freien Deutschen Jugend (FDJ) hatte diese von Erich Honecker geleitete Organisation Anfang 1950 zu Enttrümmerungs- und Aufbaueinsätzen von Jugendlichen aus der ganzen DDR in Berlin als Solidaritätsbeitrag für die Hauptstadt aufgerufen. Nach Abriegelung des Pariser Platzes mit dem Brandenburger Tor am 1. Mai wurden am gleichen Tag die Reste der Quadriga herabgeworfen. Was hiervon noch übriggeblieben war und was erhalten bleiben sollte, veranschaulicht eine Aktennotiz des ‚Amtes Museen und Sammlungen Berlin':

„Am 2. 5. 50 morgens rief mich Herr Bock, der Leiter des Hauptamtes Hochbau an und teilte mir mit, dass die Quadriga vom Brandenburger Tor jetzt abmontiert sei und am Brandenburger Tor unter Polizeibewachung liege. Er bat mich festzustellen, ob davon, vom künstlerischen Standpunkt gesehen, noch etwas brauchbar sei, und ihm eine entsprechende Nachricht zukommen zu lassen.

Am Nachmittag desselben Tages besichtigte ich mit dem Kollegen Baltschun die Überreste der Quadriga. Die an und für sich schon stark beschädigte Quadriga war durch die Demontage (man hatte die Teile zerschneiden müssen, um sie herunterzubekommen) so weit zerstört, dass sich kaum noch ein heiler Teil darunter befindet. Das einzige Objekt, das uns noch für eine Ausstellung in einem Museum infrage zu kommen schien, ist ein Pferdekopf, der aber auch schon beschädigt ist.

Wir sind der Ansicht, dass, abgesehen von dem Pferdekopf, die Trümmer der Quadriga zur Verschrottung weggegeben werden können.

Falls der Magistrat den Wunsch und die Möglichkeit hat, die Quadriga neu herstellen zu lassen, müsste das erforderliche Material von der Abteilung Wirtschaft bewilligt werden."[113]

Immer ist von ‚einem' geretteten Pferdekopf aus dem Jahre 1950 die Rede; möglicherweise waren es jedoch deren zwei. In den Akten des Magistrats findet sich jedenfalls ein Protokoll *Entscheidung über Buntmetall-Depositen bei den Staatlichen Museen zu Berlin* vom 28. Dezember 1951, in dem die Ergebnisse zweier Bestandsaufnahmen vom 19. und 23. November zusammengefaßt wurden. Die Inventur-Kommission stand unter Leitung des Generaldirektors Ludwig Justi, ihr gehörten u. a. die Professoren Steininger, Cremer, Seitz und Blümel an. Sollten sie alle sich geirrt haben, als sie für den „Lagerraum C / Ehem. Kaiser-Friedrich-Museum: Aktenraum ..." unterschriftlich bestätigten: „2 Pferdeköpfe der Quadriga (i. Märk. Museum) Kupfer / Bleiben erhalten f. Studienzwecke..." – Ein Zeugnis, das Fragen aufwirft: Wurde der zweite Kopf doch noch verschrottet? Wenn ja, auf wessen Veranlassung? Wenn nein, wo ist er geblieben? – Oder handelt es sich nur um den Irrtum einer Schreibkraft...?

Nach einem Bericht der Nachrichtenagentur United Press erklärte der ‚Ostberliner Stadtsowjet' – wohl gemeint Magistrat –, die Quadriga vom Brandenburger Tor habe „»vorläufig« entfernt werden müssen, da infolge der Zerstörungen Einzelteile »herabzufallen drohten«. Die Quadriga werde durch den »Denkmalschutz« so lange »sichergestellt«, bis auf Grund eines ausgeschriebenen Wettbewerbs über die »künftige Gestaltung« des Brandenburger Tors entschieden werde."[114]

Tatsächlich legte am 3. Juni 1950 Selmanagic im Auftrag des Oberbürgermeisters den Entwurf für eine Wettbewerbsausschreibung *...zur Erlangung von Plänen für die Gestaltung der Bekrönung des Brandenburger Tores* vor. Die Verunsicherung im Umgang mit Baudenkmalen hatte absurde Formen angenommen. Glücklicherweise ist der Wettbewerb jedoch im Sande verlaufen.

Parallel liefen Bemühungen, die Quadriga in ihrer originalen Form wiederherzustellen. Der Versuch, über den (West-)Berliner Denkmalpfleger Prof. Hinnerk Scheper an die noch in Dahlem lagernden Gipsformen zu gelangen, scheiterte dabei weniger an politischen Umständen, sondern mehr an

Preußens Rest- (oder Neu-) Bürokratie. Wie konkret die Möglichkeiten zur Neuschöpfung der Quadriga waren, belegt ein Auftrag des West-Berliner Senats an die Charlottenburger Gipsformerei vom 25. August 1950, die Einzelstücke der Negativformen zusammenzusetzen und aus ihnen ein Gipsmodell zu gießen. Dafür sollten 10.000 DM zur Verfügung gestellt werden. „Ausserdem seien Kostenanschläge von zwei Firmen (eine davon ist die Giesserei Noack, Berlin-Friedenau) für die Herstellung der Quadriga in Bronzetreibarbeit nach dem Gipsmodell angefordert worden."[115] Obwohl zerstört, blieb die Quadriga weiterhin lebendig. Sie war nach wie vor im Bewußtsein vieler Menschen verhaftet und Bestandteil des öffentlichen Interesses.

Abb. 42: 1948. Noch wird die deutsche Einheit von den SED-Machthabern beschworen...

Im Zusammenhang mit den Festivalvorbereitungen war nicht nur das Tor entrümmert worden, auch Ruinen der angrenzenden Platzumbauung, wie Haus Liebermann und Haus Sommer sowie Nr. 3 und 6a, wurden beseitigt. Die Palais waren weitgehend, meist bis auf die Umfassungsmauern, zerstört. Als letztes war das Hotel Adlon nach dem Ende der Kämpfe bei Plünderungen am 2./3. Mai 1945 abgebrannt. Es ist müßig, aus heutiger Sicht mit den technischen und materiellen Möglichkeiten der Gegenwart die Erhaltungs- oder Wiederherstellungsmöglichkeiten zu beurteilen; der Ruinenabriß ist aus der damaligen Situation, als auch ein ähnlich mitgenommenes Schloß Charlottenburg zur Disposition stand, durchaus nachvollziehbar. Als einziger Wiederaufbau war nach 1949 definitiv die – am 24. März 1952 neu gegründete – Akademie der Künste bis 1952 geplant worden. Schon damals stand auch die Verlängerung der Behrenstraße zur Disposition, wie die Liste: „Betr.: Wiederaufbau der Akademie, Verlängerung der Behrenstr. / Eigentümer der Grundstücke Pariser Platz und Wilhelmstr." vom 21. Juli 1950[116] ausweist. 1952 wurde das Adlon abgerissen, 1958 die Akademie. Bis 1960 sind alle Ruinen am Platz gefallen. Nach 1978 folgte auch der noch als Hotel genutzte rückwärtige Flügel des Adlon. Übrig blieben nur der Atelier- und Ausstellungstrakt der Akademie und der Seitenflügel des IG-Farben-Gebäudes.

Mit dem Beschluß *Grundsätze für die Neugestaltung Berlins* des Ministerrates der DDR vom 23. August 1950 bekamen die seit Herbst 1949 betriebenen Wiederaufbauvorbereitungen für das Tor einen neuen Rahmen. Teil dieser Planung war u. a. die Wiederherstellung der historischen Bauten der ‚Linden'. Für den westlichen Abschnitt war bereits die dann erst in den sechsziger Jahren ausgeführte Neubebauung festgelegt: „Die Straße Unter den Linden bleibt in ihrer jetzigen Form bestehen, erhält jedoch von der Charlottenstraße bis zur Wilhelmstraße eine neue Gestalt. Hier werden Botschaftsgebäude und öffentliche Gebäude errichtet werden, in deren Erdgeschoß repräsentative Ausstellungsräume für die volkseigene Industrie vorzusehen sind."[117] In der ersten Etappe wurde 1951/52 die Humboldt-Universität im Äußeren wiederaufgebaut, das 1949 begonnene Zeughaus hatte am 1. Mai 1951 Richtfest und am 17. Juni 1952 erfolgte die Grundsteinlegung für die Rekonstruktion der Deutschen Staatsoper.

Wiederaufbau ohne Ende?

Ohne sonderliche Publizität – in diesen Zeiten hatte anderes Vorrang – war seit dem Magistratsbeschluß vom 1. September 1949 unabhängig vom Schicksal der Quadriga der Wiederaufbau von Tor und Torhäusern vorbereitet worden. Es war keine provisorische Notinstandsetzung und Sicherung, wie später ohne nähere Prüfung aus Verlauf und Ergebnis geschlossen wurde, sondern der tatsächliche Beginn des Wiederaufbaus.

Besonderes Beachtung genoß der stark beschädigte plastische Schmuck. Für die bildhauerischen Ergänzungen des Attikareliefs, der Metopen, der Reliefs in den Durchfahrten und des *Ares* sowie die Kopie der zerschlagenen *Athena* veranschlagte der Steinbildhauer und Steinmetz Wilhelm Tovazzi am 18. November 1949 genau 163.125 Mark. Vorbedingung für die Auftragsannahme war die bauseitige Lieferung eines Sandsteinblockes von 2,3 m x 1,2 m x 1,2 m für die

Abb. 43: Blick vom Westen auf das Brandenburger Tor während der Rekonstruktionsarbeiten um 1954 mit gehißter roter Fahne

Athena-Kopie, die Stellung des Gerüstes und ein Vorschuß von 16.000 Mark. Warum den Auftrag dann der VEB Natur- und Kunststein in Berlin-Wilhelmsruh erhielt, ist nicht mehr festzustellen.

Der Verlauf dieses Wiederherstellungsversuches im Detail ist ohnehin nur

schwer nachvollziehbar, die Unterlagen sind äußerst lückenhaft. Zumindest scheint klar, daß sowohl der Ausführungsbetrieb als auch die kommunalen Behörden entweder die Komplexizität der Aufgabe unterschätzt oder die fachlichen und ökonomischen Möglichkeiten überschätzt haben. Die Unerfahrenheit des Betriebes im Umgang mit solch einem Objekt und die Überforderung der Kommune durch die immer noch währende Nachkriegssituation mußten das Scheitern des ersten Anlaufes zur Folge haben.

Der Wiederaufbau des Mittelteils des Tores sollte bis zum Beginn der Weltfestspiele der Jugend am 15. Juli 1951 beendet sein. Doch die Aussichten waren nicht gut: „Das klappt aber alles nicht so. Vor allem mit den Baugerüsten haben wir Schwierigkeiten. Wir haben schon vor längerer Zeit darauf hingewiesen, daß wir ohne ausreichende Rüstung nicht termingemäß fertig werden. Aber die Situation ist heute noch genau die gleiche", wußte der *Berliner Kurier* am 18. April 1951 zu berichten.

Abgesehen von unklaren Vertragsbeziehungen zwischen Magistrat und Baubetrieb und der mangelhaften bauaufsichtlichen Betreuung gab es gravierende fachliche Probleme. Nach der Kriegszerstörung stand die gesamte Toranlage frei und eine Neubebauung des Pariser Platzes war nicht in greifbarer Nähe. Dennoch blieb die Form des Wiederaufbaus der Torhäuser bis zum Abbruch der Arbeiten ungeklärt. Eines der wenigen Dokumente, das umfassenden Aufschluß über die damalige Lage gibt, ist eine mehrseitige Aktennotiz von Dr. Gerhard Strauss und Dr. Georg Reimann vom Institut für Theorie und Geschichte der Baukunst bei der Deutschen Bauakademie, beides prominente Architekturhistoriker und Denkmalpfleger. Bei ihrer Baustellenbegehung am 23. April 1951 stießen sie auf ein ganzes Paket von fast unlösbaren Problemen.

So waren vor Beginn der Arbeiten keine Zustandsaufnahmen und Bauaufmaße angefertigt und die Arbeitsschritte nicht im einzelnen dokumentiert worden. Arbeitsgrundlage waren deshalb die vom Büro Selmanagic kopierten unvermaßten (!) Bestandszeichnungen von 1935. Diese waren seinerzeit als alleinige Projektgrundlage nahezu wertlos, können aber heute im Kontext mit anderen Archivalien als wertvolle baugeschichtliche Dokumente dienen. Die Steinmetzen beherrschten weder methodisch noch praktisch die Restaurierung klassizistischer, oder auch nur historischer Bildwerke, so daß Strauss konstatieren mußte, „die Ergebnisse [seien] zwar subjektiv sehr wertvoll, objektiv aber ohne jene Qualität, die die denkmalspflegerische Praxis bereits er-

Abb. 44: Das Brandenburger Tor um 1955; im Vordergrund Jeeps einer britischen Militäreskorte

reicht hatte und wieder erfüllen sollte". Der Ausführung lagen Verfahren und Techniken zugrunde, die „eine Wiederholung der üblichen Verfallserscheinungen, wie sie in den zurückliegenden Jahrzehnten häufig beobachtet sind, befürchten" ließen.[118]

Finanziell aber war das Vorhaben zu diesem Zeitpunkt noch abgesichert. Das änderte sich mit Beginn des Massenwohnungsbaus, als am 1. September 1951 Oberbürgermeister Friedrich Ebert den Grundstein zum ‚Hochhaus an der Weberwiese' legte. Der *Aufruf zum Nationalen Aufbauprogramm Berlin 1952* und die flankierenden Regierungs- und Magistratsbeschlüsse stellten die Weichen der künftigen Baupolitik in den Ost-Stadtbezirken. Die Priorität eines Wohnungsbauprogramms dieser Dimension für eine kriegszerstörte Stadt ist noch heute unzweifelhaft, die Folgen für das Brandenburger Tor aber waren dennoch bedauerlich. Die Euphorie der *(Ost-)Berliner Zeitung* vom Frühjahr 1952 mit dem Untertitel „Das Wahrzeichen Berlins in neuem Kleide" und der Ankündigung „Auch der Aufbau der seitlichen Säulenhallen wird noch in diesem Jahr erfolgen" weckte – noch – unerfüllbare Hoffnungen: Ende 1952 wurde die Arbeit am Brandenburger Tor eingestellt. Und das so abrupt, daß keine bauliche Sicherung des Tores erfolgte und es – unvollendet – dem Verfall preisgegeben würde.

Ein Aktenvermerk des Konservators Bodo Küttler, Abt. Kultur des Magistrats, vom 9. August 1956 verdeutlicht die Folgen: „... Die Bauarbeiten konnten infolge Mangels an Mitteln nicht beendet werden. Daher stellen sich nunmehr erneut Verwitterungsschäden ein. So sind z. B. die Decken über den Durchfahrten, die geschalt, gerohrt und geputzt sind, bereits so weit verwittert, daß sie schon beginnen herabzufallen. [Es] ... muß damit gerechnet werden, daß die Bauaufsicht Berlin-Mitte eines Tages die Sperrung des Brandenburger Tores verlangen wird ... Es ist zu überlegen, ob nicht wenigstens ein Schutz gegen das Eindringen von Niederschlagswassern notwendig und möglich ist."[119]

17. Juni und Wiederaufbau 1956–1958

Zwar war es baulich ruhig um das Tor geworden, schon bald stand es aber im Blickpunkt der Weltöffentlichkeit. Als am Vormittag des 17. Juni 1953 Jugendliche die rote Fahne vom Tor holten und sie inmitten einer applaudierenden Menge verbrannten, war dies für die Welt ein Akt revolutionärer Gewalt.

Die Vorboten waren schon im April 1953 sichtbar geworden. Die für den 1. Mai vorgesehene Ausgrenzung von ca. 2 Mio. Einzelhändlern und Handwer-

kern aus dem System der Lebensmittel-
karten führte zu Unruhe und Hamster-
käufen. Das wurde durch die Preiser-
höhungen für rationierte Lebensmittel
am 20. April weiter verstärkt. Am 28.
Mai wurden auch noch die Arbeitsnor-
men erhöht – die sture Wirtschafts- und
Sicherheitspolitik der SED forderte
ihren Tribut. Selbst die schnelle Rück-
nahme einiger Einschränkungen und
das Versprechen zur Erhöhung des Le-
bensstandards durch den Beschluß des
‚Neuen Kurses' am 11. Juni durch den
Ministerrat halfen nicht mehr. „Nachdem am 15. Juni eine Delegation vom Mi-
nisterpräsidenten Otto Grotewohl nicht

Abb. 45: Alliierte Soldaten vor dem Brandenburger Tor, 1960

empfangen und die Zusagen, zwei FDGB-Funktionäre würden zur Baustelle
kommen, nicht eingehalten worden war, legten die Bauarbeiter am 16. Juni in
der Ostberliner Stalinallee – wie bereits kurzfristig am Vortage – die Arbeit
nieder und machten von dem in der »Verfassung« der Zone garantierten Streikrecht Gebrauch. Den ursprünglich kaum hundert Arbeitern schlossen sich
etwa 10.000 Menschen auf ihrem Zug zum Haus der Ministerien in der Leipziger Straße an."[120]

Am 16. Juni lag die Großbaustelle Stalinallee still. „In Sprechchören wurden
bereits freie Wahlen, der Rücktritt der Regierung und Generalstreik gefordert.
Nach einer kommunistischen Kundgebung am Abend im Friedrichstadt-Pa-
last kam es zu handgreiflichen Auseinandersetzungen zwischen den kommunistischen Funktionären und der Bevölkerung. Meldungen über die Vor-
fälle im westlichen Rundfunk, insbesondere im RIAS, führten am Morgen des
17. Juni in fast allen größeren Betrieben des sowjetischen Sektors von Berlin
– wie in vielen Städten der SBZ [DDR/d.V.] – zu von der SED einberufenen
Betriebsversammlungen. Hier gingen die wirtschaftlichen Forderungen (betr.
Normentreiberei, Lohnsenkungen, Arbeitsbedingungen, Versorgung der Bevölkerung) nahezu überall in politische über: Rücktritt der Regierung – die am
11. 6. 1953 »begangene Fehler« eingestanden hatte –, freie Wahlen, Bildung
einer Gewerkschaft (Umbildung des FDGB), Freizügigkeit in ganz Deutschland."[121]

Am 17. Juni schließlich schlug die Stimmung um: Autos brannten und Ge-
schäfte in der Leipziger Straße und Unter den Linden wurden geplündert. Auf
dem Brandenburger Tor wurde unter dem Beifall der Demonstranten die rote
Fahne eingeholt und vor den Säulen des Tores verbrannt. Zugleich wurde die
schwarz-rot-goldene deutsche Nationalfahne gehißt. Nachdem am Potsdamer
Platz das ‚Haus Vaterland' und das ‚Columbus-Haus' in Flammen aufgegan-

gen waren, erklärte der sowjetische Stadtkommandant Pawel T. Dibrowa um 13.00 Uhr den Ausnahmezustand. Seine Panzer drängten Demonstranten und Randalierer aus der Innenstadt, vor allem über die Grenze nach West-Berlin. Am Abend des 17. Juni wehte die rote Fahne wieder über dem Tor, die Grenze blieb mehrere Tage abgeriegelt. Erst am 11. Juli hob Dibrowa den Ausnahmezustand auf. Eine Woche später wurde der SED-Justizminister Max Fechner (1892–1973) abgesetzt, inhaftiert und später wegen ‚staatsfeindlicher Tätigkeit' zu acht Jahren Zuchthaus verurteilt – weil er das in der Verfassung verbriefte Streikrecht verwirklicht sehen wollte.

Wenige Tage später – der Magistrat scheint unbeeindruckt weitergearbeitet zu haben – spielte das Brandenburger Tor wieder eine Rolle als Baudenkmal. Am 3. Juli übergab die Abteilung Stadtplanung und Architektur der Abteilung Kunst und kulturelle Massenarbeit eine Liste von sieben kulturgeschichtlich bedeutenden Bauten mit Kostenanschlägen für geplante Sicherungsmaßnahmen. Für die Position 6 – Brandenburger Tor – waren zur Fortsetzung der Instandsetzungsmaßnahmen vorerst 95.000 Mark vorgesehen. Es nimmt nicht Wunder, daß trotz einer gewissen Verbindlichkeit dieser Planung nichts geschah – leicht sind Verluste historischer Werte zu beklagen, schwer ist es aber ein kriegszerstörtes Land ohne fremde Hilfe wieder aufzubauen, und Hilfe hatte die DDR im Gegensatz zur Bundesrepublik kaum.

Rückblickend muß man feststellen, daß die Wiederherstellungsplanungen für Tor und Quadriga nicht Ergebnis eines durchdachten Prozesses waren – noch immer herrschte die ideologisch determinierte Unsicherheit im Umgang mit politisch ‚belasteten' Baudenkmalen.

Die offenbar fehlende Konzeption zur Wiederherstellung des Tores führte nach 1952 immer wieder zu Versuchen, über die Medien Druck auszuüben. Am 9. Juli 1955 verkündete die West-Berliner CDU-Zeitung *Kurier*: „In Ostberlin denkt man daran, sich von ... der roten Fahne auf dem Brandenburger Tor ... zu trennen. Wie der Chefarchitekt des Ostmagistrats, Professor Henselmann, in einem Gespräch mit Journalisten erklärte, sei er bereit, die ... Quadriga wieder auf dem Tor zu postieren." Keine der Ankündigungen hatte jedoch eine reale Grundlage.

Als der Rat des Stadtbezirks am 14. September 1956 den Aufbaustab Mitte mit der Beseitigung von Gefahrenquellen am Tor beauftragte, schien niemand den genau eine Woche später folgenden Magistratsbeschluß *Verschönerungsplan für das demokratische Berlin* geahnt zu haben. Die zeitliche Nähe zur Westberliner Internationalen Bauausstellung (IBA) ist, trotz bisher nicht nachweisbarer Verbindungen, augenfällig. Dieses Papier enthielt u. a. die Festlegung zum – endgültigen – Wiederaufbau des Brandenburger Tores, der Neuen Wache und der Schinkelschen Torhäuser am Leipziger Platz, deren Ruinen dann nach 1961 abgerissen wurden.

Der buchstäbliche Start aus dem Nichts machte allerdings den am 3. Oktober vom Stellvertreter des Chefarchitekten, Erhard Gißke, fixierten Baubeginn zum 1. November 1956 von vornherein illusorisch. Ausführungsreife Baupläne innerhalb eines Monats auszuarbeiten war unmöglich.

Bereits am 21. November 1949 hatten unabhängig voneinander Kave und Reuti auf die in Dahlem lagernden Abgüsse von 1942/43 hingewiesen. Bereits einen Tag nach dem Beschluß vom 21. September unterrichtete der Ost-Berliner Oberbürgermeister Ebert den Senat und bat um leihweise Überlassung dieser Formen. Prompt setzte ein unerquicklicher Medienkrieg ein, dessen Qualität ein Kommentar des *Sonntag* vom 7. Oktober 1956 belegt: „Man kann sich mitunter nur wundern, was die Gemüter plötzlich zu erhitzen imstande ist ... Kommentare, Meldungen, Reportagen, Polemiken greifen das Quadriga-Thema auf und machen unter gewaltigen Anstrengungen aus der vorgesehenen Wiedergeburt des Kunstwerkes eine politische Affäre. Und dafür, so möchten wir mit allem Nachdruck feststellen, fehlt uns jegliches Verständnis ... uns interessiert auch weniger, daß der Westberliner Magistrat [Senat/d.V.] mit einem Mal erklärt, die Gipsformen stelle er nicht zur Verfügung, denn natürlich werde er die Quadriga rekonstruieren und neu gießen lassen, und im übrigen sei das quasi schon stets seine Absicht gewesen, denn bereits vor Jahren habe das mal irgendwer angedeutet."

Als die Alliierten die Nachkriegsgrenze Deutschlands zogen und den Rest des einstigen Reiches in vier Besatzungszonen gliederten, spielten Überlegungen einer langfristigen deutschen – und damit europäischen – Teilung nur hinter den Kulissen eine Rolle. Bald aber waren finsterste Prognosen über deren Dauer Wirklichkeit und diese von scheinbarer Endgültigkeit. Wie bei jeder Ehescheidung blieb die Gütertrennung, insbesondere der Kultur, ein fast unlösbares Problem. Da lagerten Bestände der Ostberliner Deutschen Staatsbibliothek in Heidelberger Kellern und der *Große Kurfürst* des Andreas Schlüter war von der Rathausbrücke zum Charlottenburger Schloß geirrt, die Musterbücher der KPM fanden sich im Märkischen Museum wieder... Und West-Berlin hatte die Gipsformen der Ost-Berliner Quadriga. Dabei blieb es. Die erste offizielle Verhandlung zwischen Magistrat und Senat seit der Spaltung 1948 erwies sich politisch als Flop.

Aber am 7. Januar 1957 waren die Würfel gefallen, der Senat bewilligte 250.000 DM. Auf Druck des West-Berliner Landeskonservators Prof. Scheper hin fiel auch die Entscheidung zugunsten originalgetreuer Kupfertreibarbeiten und gegen denkmalwidrige Experimente mit Bronzeguß. Die bislang im politischen Gerangel untergegangenen Fach- und Zeitprobleme waren plötzlich sichtbar: Weit über eintausend Einzelteile der Abformung von 1943 waren zusammenzusetzen. Die Mitarbeiter der Gipsformerei Charlottenburg büßten für die Unterlassungssünden ihrer Vorgänger. Schließlich war im März 1957 das Modell des ersten Pferdes fertig.

Ungeachtet dessen trieben die Prestigegefechte um die Quadriga immer neue Blüten. Am 3. Mai 1957 erneuerte der Magistrat seinen Anspruch auf die Gipsformen mit dem dezenten Hinweis auf den Terminverzug in West-Berlin, gleichzeitig übergaben seine Vertreter technische Unterlagen zur Konstruktion der Befestigungen... Diese Schizophrenie setzte einen langjährigen Vereinnahmungs- und Verdrängungsmechanismus in Bewegung, der noch ein Vierteljahrhundert danach, am 10. Oktober 1983, eine mit „M.W." zeichnende Reporterin der *(Ost-)BZ am Abend* zu dem geschichtsbildenden Beitrag veranlaßte: „Die Neuanfertigung der zerstörten Quadriga wurde 1956 in unserem Staat in Angriff genommen. Nach erhaltenen Negativformen aus Gips, nach Fotos und alten Maßskizzen fertigten Bildhauer und Restauratoren in mühevoller Kleinarbeit zuerst ein Modell. Nach diesem wurde die Figur dann originalgetreu in Kupfer getrieben."

Die Wiederherstellung des Tores hatte im Gegensatz zur Erneuerung der Quadriga tatsächlich deutlich sichtbare Fortschritte gemacht. Die Beseitigung der Sandsteinschäden lief auf vollen Touren. Dabei waren nicht nur die Einschußspuren des Krieges und ihre Auswirkungen nach über zehn Jahren Verwitterung zu beseitigen, auch eine Vielzahl fachlich falscher Zement- und Mauerwerksplomben von 1951/52 waren zu korrigieren – alles in allem handelte es sich um knapp 10.000 Schadstellen. Nach der Begutachtung durch eine Fachkommission mußte auch ein großer Teil der bildhauerischen Ergänzungen der Metopen von 1951/52 in erforderlicher Qualität wiederholt werden. Nur der damals restaurierte *Ares* und die vom Bildhauerkollektiv Kranolda kopierte *Athena*, neu aufgestellt am 19. Juli 1957, genügten – mit Abstrichen – den Ansprüchen der Experten.

Sowohl die Nutzung der Torhäuser als auch ihre architektonische Angleichung an die veränderte räumliche Situation des Platzes mußte geklärt werden. Am 15. Februar 1957 war die Nutzung festgelegt: In das nördliche Torhaus zogen Polizei und Zoll, im südlichen etablierte sich ein Informationsbüro mit Ausstellungskabinett. Die Freistellung des Tores durch die kriegsbedingten Zerstörungen der Umbauung des Pariser Platzes erforderte neue Überlegungen zur Gestaltung der äußeren Längsfronten der Torhäuser. Die Ungewißheit über eine Wiederbebauung des Platzes stützte die Entscheidung, durch eine vorgesetzte Säulenreihe hier ebenfalls Schaufassaden und damit eine endgültige Situation zu schaffen. Ein wenig stand dabei auch der Gedanke Pate, das Tor zukünftig für den Verkehr zu sperren und ihn um das Bauwerk herumzuleiten. Der Anschluß einer eventuellen späteren Platzumbauung war nunmehr nicht mehr an den Längsfronten der Torhäuser, sondern an den offenen Säulenhallen vorgesehen.

Nach Einschätzung der Denkmalpfleger und Bausachverständigen hätte der Durchgangsverkehr das Tor auf Dauer durch die Erschütterungen und Abgase bleibend geschädigt. Eine städtebauliche Lösung dieses Verkehrsproblems zum Schutze des Tores war damals so kompliziert, wie sie es nach Öffnung der Mauer wieder geworden ist. Eine Freistellung des Tores würde seinem Urzweck widersprechen, es war nun mal ein – wenn auch repräsentatives – Stadttor und kein Triumphbogen.

Am 30. Oktober 1957 fand die erste Abnahme durch den künstlerischen Berater, den Bildhauer Richard Horn, und die Magistratsdenkmalpflegerin Waltraud Volk statt, kleinere Mängel verschoben die Endabnahme der Reliefmedaillons der Durchfahrten noch einmal auf den 13. November. Am 11. Dezember folgten die Rechteckreliefs. Anfang November war mit dem Abbau der Gerüste am Torbau begonnen worden und am Samstag, dem 14. Dezember 1957, schwebte kurz nach 13 Uhr die Richtkrone auf das Tor – mit Sicherheit zur Erleichterung des verantwortlichen Architekten Hugo Voissem: In relativ kurzer Zeit war eine außerordentliche Arbeit geleistet worden. Sowohl die bauliche Instandsetzung als auch die restauratorischen Arbeiten am plastischen Schmuck, der zum Teil kopiert werden mußte, waren von einer Beständigkeit garantierenden Qualität.

Die Arbeiten an den Torhäusern dauerten noch bis in den Sommer 1958. Nachdem auch konstruktive Verbesserungen, vor allem in den Dachbereichen, vorgenommen worden waren, erfolgte am 16. April 1958 die Abnahme der Steinmetz- und Bildhauerarbeiten. Am 19. Juli übernahm die Volkspolizei-Bereitschaft Mitte das nördliche Torhaus, eine Woche später der Magistrat das südliche, in das am 5. August die ‚Berlin-Werbung Berolina' einzog. Nach 13 Jahren war das Brandenburger Tor mit einem Aufwand von rund 2 Mio. Mark wiedererstanden.

Abb. 46: Rückkehr der restaurierten Pferde, 1958

Die öffentliche Zufriedenheit war auf beiden Seiten aber nur von kurzer Dauer, denn die Quadriga wurde erwartungsgemäß nicht rechtzeitig fertig. ‚Rechtzeitig' im Hinblick auf den Bauablauf des Tores. Noch vor Fertigstellung des ersten Gipsmodells gaben sich mehrere West-Berliner Firmen, ohne daß ihnen ein Auftrag auch nur versprochen worden war, bereits öffentlich als ‚Quadriga-Hersteller' aus. Wolfram Konwiarz vom Amt für Denkmalpflege äußerte hierüber seine deutliche Empörung und stellte fest: „Noch niemand hat bisher auch nur einen Teilauftrag erhalten ... Dabei werden wir nicht nur das handwerkliche Können, sondern auch künstlerische Erfahrungen berücksichtigen müssen."[122]

Diese Bedingungen schien die 1897 gegründete Friedenauer Bildgießerei Hermann Noack zu erfüllen. Sie gehörte bereits in den Zwanziger Jahren zu den renommiertesten ihres Faches in Deutschland. Da aber die Auftragserteilung durch den Senat erst im Juli 1957 erfolgte, hatte die Firma keine Chance, mit dem Tempo am Brandenburger Tor mitzuhalten. Die veranschlagten 190.000 DM wollten erst einmal in Leistung umgesetzt sein. Beteiligt war auch die Tempelhofer ‚Fabrik für Blechverformung und Apparatebau Kadow und

Abb. 47: Die Siegesgöttin auf dem Weg nach Hause, 1958

Riese', die in maschineller Arbeit die Räder und die Satteldecken herstellte. Statt der ursprünglichen Blechstärke von etwa 0,8 mm wurden zur Gewährleistung einer längeren Haltbarkeit nunmehr Bleche von 1,0 bis 2,0 mm Dicke verwandt. Ein Pferd – Kupfergewicht etwa 270 kg, 335 kg Stahlkonstruktion und 95 kg Bronzeteile – bestand aus etwa 52 Einzelteilen, die *Victoria* aus 68 Teilen. Mit dem Wagen von 1.960 kg ergab sich ein Gesamtgewicht der Quadriga von 6.300 kg.

Die Gipsformen ermöglichten eine komplette Modellierung der Pferde, wenn auch eines zu dünne Beine gehabt haben soll, wie sich Hermann Noack III. zehn Jahre später erinnerte. Die einzigen Teile, für die es – abgesehen von anderen unerheblichen Fehlstellen – keine Gipsformen gab, waren der Wagen und ausgerechnet das Siegeszeichen mit dem Eisernen Kreuz und dem Adler. Nach überlieferten historischen Zeichnungen und Fotografien modellierte der Bildhauer Otto Schnitzer die Attribute neu. Die Formen gerieten ihm deutlich nüchterner als seinem großen Vorgänger Schinkel.

Am 1. August 1958 um 6.15 Uhr verließ die neugeschaffene Wagenlenkerin mit dem Gefährt schließlich ihre Geburtsstätte in der Fehlerstr. 8, um über Bundesallee, Gedächtniskirche, Hofjägerallee und Großen Stern zum Pariser Platz zu gelangen. Der Wagen rollte auf einem Tieflader, die Göttin schwebte standesgemäß zum Ziel – wenn auch wegen der Brückendurchfahrten absenkbar am Kranhaken. Auf gleiche Weise folgten tags darauf die Pferde. Ohne Zeremonien setzte Noack die Bildwerke auf dem Pariser Platz förmlich in den Sand – vorbereiteter standsicherer Untergrund für die Plastiken. Abseits der Zuschauermassen tauschten Wolfram Konwiarz, Leiter des Amtes für Denkmalpflege beim Senat, und der Magistratsbeauftragte, Baudirektor Willy Mayer, formlos die Übergabedokumente. Die Pferde erfreuten sich eigenartigerweise größerer Aufmerksamkeit.

Allerdings stellte sich heraus, daß die vorbereiteten Befestigungspunkte nicht mit denen der Pferde übereinstimmten. Die dadurch entstehende weitere Verzögerung der Montage war Anlaß, die Bildwerke aus Sicherheitsgründen bereits in der Nacht zum 3. August in den Hof des Marstalls umzusetzen.

Diese Maßnahme löste einen Presserummel aus mit Fragen wie: „Wird die Victoria rot angestrichen?" oder: „Stimmt es, daß man der Victoria eine rote

Fahne in die Hand geben will?". Die Stimmung war so angeheizt, daß sich der Ostberliner Oberbürgermeister Ebert am 10. August in der *Berliner Zeitung* persönlich an die Bevölkerung wandte. Vier Tage später besänftigte das *Neue Deutschland* die letzten Zweifler mit der Meldung, daß die Quadriga im Marstall zu besichtigen sei: „Der Besucherdienst wird von 13 bis 17 Uhr unterhalten."

Am 31. August begann die öffentliche Vorbereitung des Finales der ‚Quadriga-Story', das nicht nur Politiker, Historiker und Denkmalpfleger, sondern auch die Öffentlichkeit mit wechselnder Intensität über drei Jahrzehnte beschäftigt hatte. Im Anschluß an einen Artikel des Ost-Berliner Publizisten Hans Ludwig über das Tor bat die *Berliner Zeitung* um Lesermeinungen zu einer von ihr vorgeschlagenen Veränderung des Siegeszeichens: Entfernung von Eisernem Kreuz und Adler als vom Faschismus mißbrauchte und deshalb untragbare Symbole. „Nicht nur der historischen Treue wegen sollte man daher zum ersten Siegesstab zurückkehren, sozusagen zum Ur-Schadow."[123] Allein schon der Zeitpunkt und die Suggestion der Fragestellung läßt die vorbereitete Aktion erahnen.

Die Ehrlichkeit der zustimmenden Leserstimmen anzuzweifeln würde ihren Verfassern Unrecht tun, zu gegenwärtig waren noch das Dritte Reich und seine tödlichen Folgen. Die Manipulation bestand einfach darin, zum vermeintlich geeignetsten Zeitpunkt diese Ressentiments zu nutzen und auf die Wirkung der offiziellen Geschichtsinterpretation, undifferenziert und dogmatisch, zu setzen. Zwar wurden in den nächsten Tagen Zuschriften beider Lager veröffentlicht, der Mediendruck hatte aber eine eindeutige Richtung. Viele Leser bedienten sich ausgesprochen unkonventioneller Argumentationen: „Sollen wir denn nun auch darauf verzichten, Butter zu essen, nur weil es die Faschisten und

Abb. 48: Montage der Quadriga-Pferde am 25. September 1958

Kapitalisten auch tun?" – „Laßt ... doch den Stab mit Kreuz und »Klimbim«. Von Madonnenbildern entfernt man ja auch nicht den Heiligenschein." – „Von den Nazis wurde es mißbraucht, nun gut, sie haben noch ganz andere Dinge für ihre schmutzigen Ziele benutzt." Die Masse der veröffentlichten Zuschriften lautete aber etwa so: „Die später von Schinkel vorgenommene Änderung mit dem Eisernen Kreuz ist ein Stilbruch, denn er verquickte klassisches

Altertum mit Preußens Gloria." – „... was mich so ärgert, ist, daß das Eiserne Kreuz mitsamt Eichenlaub und ähnlichem Lametta ... heute wieder ganz offen in Westdeutschland und -berlin getragen werden kann." – „Das Eiserne Kreuz ist und bleibt ... eine Medaille des legalisierten Mordes ..., ein Zeichen für Blut und Tränen, Schmerz und Not."[124]

Am Morgen des 15. September beschloß der Magistrat den Beginn der Quadriga-Montage noch am gleichen Tag. In der langen Begründung am Tag darauf wurde festgestellt, daß „auf dem wiederhergestellten Brandenburger Tor kein Platz für Hakenkreuze, Eiserne Kreuze und für den Preußenadler" sei. Wurden hier die Heldentaten im nationalen Befreiungskampf gegen Napoleon gleichgesetzt mit dem Massenmord im Warschauer Ghetto? Und die *Berliner Zeitung* ließ es sich nicht nehmen, die angeblich demokratisch zustande gekommene Entscheidung gebührend zu würdigen: „Magistrat folgte Vorschlägen der Berliner."[125]

Natürlich war die Magistratssitzung am 15. September nur noch ein formaler Akt für das ‚demokratische' Protokoll. Bereits um fünf Uhr war die seit dem 2. Mai 1945 über dem Tor wehende rote Fahne eingeholt und wenig später das Tor für den Verkehr gesperrt worden. Am 17. September begann der Rück-Transport der Bildwerke zum Pariser Platz. Noch waren die Korrekturen der technischen Probleme in vollem Gange: „Bauleiter Peters, Oberpolier Damasch und andere Fachleute treffen wir in einem der Arbeitswagen über große Zeichnungen gebeugt. ... Die vom Senat gelieferte Statik stimmte nicht. Die Befestigungspunkte für den neuen Abguß [!/d.V.] zeigten Abweichungen bis zu 40 Zentimetern. Neue Berechnungen wurden notwendig, neue Bohrlöcher mußten geschaffen werden."[126]

Als erster Teil hob am 22. September um 11.25 Uhr der Streitwagen vom Boden ab, gefolgt von der Victoria um 15.16 Uhr. Am 27. September kurz nach 7 Uhr war das Gespann komplett, nach fast dreizehneinhalb Jahren krönte die Quadriga wieder das Wahrzeichen Berlins.

Zum Richtfest bei ‚VEB-Bier und Bockwurst', so Kurt Geisler von der *Berliner Morgenpost*, hatten auch Reporter aus beiden Teilen der Stadt Gelegenheit zu einer Besichtigung vor Ort. Und Hermann Noack sah erstmals sein und Schadows Werk an seinem angestammten Platz – ohne Eisernes Kreuz und Adler. Ob sich am 22. Dezember 1989 noch jemand des Richtspruches vom 27. September 1958 entsann?

„Nun hat Berlin sein Wahrzeichen wieder, / das einst zerstört ein sinnloser Krieg. / Und nun, Berliner, kämpft gemeinsam für den Frieden, / damit es zerstöre kein neuer Krieg. / Mögen dahinter die Grenzen fallen, / die die Deutschen trennen in Ost und West, / damit wir unter diesem Tore bald feiern / ein herrliches Friedensfest. / Möge dieses Bauwerk Generationen überdauern / und für immer ein Tor des Friedens sein."[127]

6. Das eingemauerte Tor

Der 13. August 1961

Die politische Lage in Europa, die Konfrontation der militärischen Blöcke und das Ost-West-Deutsche (Miß-)Verhältnis gestalteten sich zu Beginn der sechziger Jahre mehr als kritisch und waren in mancherlei Hinsicht undurchschaubar. Eine permanent beschworene Kriegsgefahr – wie real auch immer sie gewesen sein mag – verdunkelte das Leben. Kritischer war aber noch die sich abzeichnende Gefährdung der inneren Stabilität der DDR. Dem ökonomischen und politischen Sog aus dem Westen mit adäquaten Mitteln zu begegnen war dem ‚ersten sozialistischen Staat auf deutschem Boden' nicht gelungen.

Das östliche Deutschland litt an akuter Auszehrung. War schon das mit immer weiter hinausgeschobenen Zeitzielen verkündete wirtschaftliche Ein- und sogar Überholen der Bundesrepublik – absurder Staatsslogan ‚Überholen ohne Einzuholen' – ein utopisches Vorhaben, so ließ die offene Grenze selbst das Bewahren des Erreichten auf Dauer nicht zu. Zu groß war der Exodus von DDR-Bürgern und die Zahl der Grenzgänger in Berlin sowie der Verlust geistiger und materieller Werte. Nicht zu vergessen die mit allen Mitteln buchstäblich bekämpften ‚westlichen Einflüsse'.

Andererseits gab der kalte Krieg genügend Anlässe, den Frieden in Europa – und damit in der Welt – auf längere Zeit gefährdet zu sehen. Sowohl für den Fortbestand des sozialistischen Systems der DDR als auch für die Durchsetzung der Sicherheits- und Militärdoktrin des Warschauer Paktes bestand Handlungszwang an der deutsch-deutschen Grenze.

Was kam, entsprach nicht einer international üblichen Grenzsicherung, auch wenn man die unerquicklichen Beziehungen der Nachbarn berücksichtigt. Was kam, schockierte die Welt in seiner gewalttätigen Konsequenz. Fühlten sich die Erfinder der Mauer schon so an die Wand gedrückt oder hatten sie völlig den politischen Boden unter den Füßen verloren? Unleugbar begann nach dem Mauerbau für die DDR eine Phase relativer politischer und ökonomischer Stabilisierung. Die Chronologie des ‚Antifaschistischen Schutzwalls' begann im Frühjahr 1961 mit der Abstimmung zum Mauerbau zwischen den Führungsspitzen der UdSSR und der DDR.

Abb. 49: Der ‚Antifaschistische Schutzwall' versperrt den Blick auf das Tor

Vielleicht war es eine kleine Ermutigung für die Führer der Warschauer-Pakt-Staaten, die Ende März in Moskau tagten, für ein drastischeres Vorgehen in der Berlinfrage, als US-Präsident Kennedy die Frage, warum er in seiner Antrittsrede 1961 zur Lage in Berlin nichts gesagt hätte, mit dem Hinweis konterte, er könne doch nicht jeden Krisenherd der Welt erwähnen. Ohne Zweifel war in und um Berlin die Atmosphäre frostig geworden. Am 12. Februar waren 40 westdeutsche Synodale der Evangelischen Kirche Deutschlands – darunter der Bischof Lilje – am Passieren das Brandenburger Tors von der Volkspolizei gehindert worden. Um die Osterzeit stieg die tägliche Zahl der DDR-Flüchtlinge auf 5.200 an. Die Zahl der Flüchtlinge betrug zwischen Jahresbeginn und dem 13. Mai über 66.000 Personen und zu Recht sprach die Bundesregierung von einem ‚europäischen' Problem. In Washington schmiedete das Pentagon Pläne für den Fall, daß die Sowjets eine Neuauflage der Blockade vorbereiteten.

Schon Anfang Juni muß in Wien klar gewesen sein, daß es zu einer neuen Krise kommen würde – Kennedy und Chruschtschow verstanden sich nicht, der US-Präsident sprach von „düsteren Gesprächen". Kennedy soll dem Kremlchef gesagt haben, daß die „Sicherheit der Vereinigten Staaten tief mit ihrer Anwesenheit in und dem freien Zugang nach West-Berlin verbunden" sei. Ende Juni warnte Kennedy die Sowjets erneut vor Alleingängen oder einer Blockade. Seine „drei Essentials" für Berlin waren: Präsenz der Westmächte, freier Zugang zur Stadt und Freiheit und Lebensfähigkeit der Bewohner West-Berlins. Damit aber war dem Warschauer Pakt freie Hand in ‚Berlin – Hauptstadt der DDR' und der DDR gegeben. Der Mauerbau löste schließlich auch für die Westmächte die Dauer-Berlin-Krise.

Um diese Zeit – Anfang Juli 1961 – waren die meisten Pläne zum Bau einer Mauer fertig. Eine Mauer um Berlin, eine Mauer als Grenze würde keine Blockade sein, würde den Flüchtlingsstrom unterbinden und der DDR die Möglichkeit geben, das Land zu konsolidieren. Dennoch blieben die Pläne geheim – Ulbricht witterte schon Verrat, als er die Frage eines Pressevertreters beantwortete mit: „Ich verstehe Ihre Frage so, daß es in Westdeutschland Menschen gibt, die wünschen, daß wir die Bauarbeiter der Hauptstadt der DDR

dazu mobilisieren, eine Mauer aufzurichten. Mir ist nicht bekannt, daß eine solche Absicht besteht."[128] Doch die Bevölkerung der DDR witterte schon etwas: Im Mai betrug die Zahl der Flüchtlinge 17.791, im Juni 19.198, im Juli gar 30.415, vom Jahresbeginn bis zum 13. August wuchs die Zahl auf 207.026!

Die Beratung der Parteichefs der Warschauer Pakt-Staaten vom 3. bis 5. August in Moskau gab endgültig grünes Licht für den Bau der Mauer. Noch vor dem entsprechenden Ministerratsbeschluß der DDR am 12. August wurden Verbände der NVA auf Truppenübungsplätzen um Berlin konzentriert. Um 16 Uhr des 12. August unterzeichnete der Vorsitzende des Verteidigungsrates der DDR, Partei- und Staatschef Walter Ulbricht, die vom Sekretär des Rates, Erich Honecker, vorgelegten Einsatzbefehle. Die Zahl der Flüchtlinge, die sich von Mitternacht bis zum Spätnachmittag im Notaufnahmelager Marienfelde registrieren ließen, betrug 2.400.

Um 0.00 Uhr am 13. August 1961, einem Sonntag, wurde Alarm für die NVA ausgelöst, um 1.40 Uhr für die Berliner Betriebskampfgruppen. Als erste offizielle Verlautbarung wurde ab 1.11 Uhr durch die DDR-Nachrichtenagentur ADN die Erklärung der Regierungen der Staaten des Warschauer Paktes mit der „Empfehlung" für eine „verläßliche Bewachung und wirksame Kontrolle" der Grenze um West-Berlin verbreitet, als ob nicht schon viel weitergehendes im Gange war. Innerhalb von zwei Stunden war der gesamte S- und U-Bahn-Verkehr getrennt. Um 3 Uhr begann der Grenzausbau mit Drahtverhauen, spanischen Reitern, Betonhindernissen und der Sicherung wichtiger Über-

Abb. 51: Wachposten der DDR-Grenztruppen auf dem Dach des Brandenburger Tores; Blick nach Westen in die Straße des 17. Juni

gänge mit Panzerfahrzeugen. Um 6 Uhr war Westberlin abgeriegelt, um 15 Uhr galt die Grenze als gesichert.

Das Brandenburger Tor war bereits um 2 Uhr abgeriegelt worden, gehörte dann aber zu den 13 offiziellen Grenzübergängen, die gemäß der entsprechenden Anordnung des Ministers des Innern vom 12. August an der innerstädtischen Grenze vorgesehen waren. Diese kontrollierte die Volkspolizei – zumindest offiziell und der Uniform nach. Im Befehl (Geheime Verschlußsache) des Präsidenten der Volkspolizei Berlin, Generalmajor Fritz Eikemeyer, vom gleichen Tage liest sich das so:

„Zur Erhöhung der Sicherheit der Deutschen Demokratischen Republik sind mit »X«-Zeit Massnahmen zur Einschränkung des Verkehrs aus den Bezirken der DDR und dem Demokratischen Berlin nach Westberlin eingeleitet. Zur Verwirklichung dieser Massnahmen sowie zur Aufrechterhaltung der Ordnung und Sicherheit im Demokratischen Berlin sowie zur Verhinderung jeder Feindtätigkeit befehle ich: 1. Mit »X« wird die Grenze des Demokratischen Berlin nach Westberlin in zwei Linien tief gestaffelt nach den Abschnitten Nord (14,5 km), Mitte (14,5 km) und Süd (16,7 km) verstärkt gesichert. Bis »X« und 180 Minuten ist die höchste Dichte entlang der Grenze zu erreichen. Der Zwischenraum zwischen den Linien hat in Abhängigkeit von den örtlichen Verhältnissen 100 bis150 m zu betragen. ... 2. Bei »X« und 30 Minuten sind die Übergänge – ausser den nachfolgenden KPP – zu schliessen und bis »X« und 180 Minuten pioniermässig zu sperren. Offene Kontrollpunkte zwischen dem Demokratischen Berlin und Westberlin sind: a) Kopenhagener Str., b) Wollankstr., c) Bornholmer Str., d) Brunnenstr., e) Chausseestr., f) Brandenburger Tor, g) Friedrichstr., h) Heinrich-Heine-Str., i) Oberbaum-Brücke, j) Puschkinallee, k) Elsenstr., l) Sonnenallee, m) Rudower Str. Die Hauptanstrengungen sind auf den Abschnitt rechts Fluss Panke (ausschliesslich), links Oberbaumbrücke (einschliessl.) zu richten."[129]

Als sich aber am 14. August Tausende West-Berliner und rückkehrunwillige Ostberliner zu Protesten zwischen Potsdamer Platz und Brandenburger Tor entlang der Ebertstraße versammelten, blieb Gewalt gegen die Uniformierten nicht aus. Nun rückten Kampfgruppen bis auf den Platz vor dem Brandenburger Tor vor. Generalmajor Eikemeyer befahl „vorübergehend", was sodann 28 Jahre Bestand haben sollte:

„Geheime Verschlußsache: Auf Grund der andauernden Provokationen am Brandenburger Tor, insbesondere wegen der am heutigen Tage in den Mittagsstunden durch Vertreter des Westberliner Senats und der Bonner Regierung durchgeführten Hetzdemonstration sowie der unverantwortlichen Aufforderung des Senders »Freies Berlin« und des »RIAS«, gewaltsam die Grenzen am Brandenburger Tor zu verletzen und andere gefährliche Provokationen vorzubereiten, befehle ich: 1. Der Übergang am Brandenburger Tor ist ab 14. 08. 1961 – 14.00 Uhr – vorübergehend zu schließen. 2. Ab 14.00 Uhr ist der Kfz.-Verkehr aus dem Demokratischen Berlin zum Brandenburger Tor in der Höhe der Friedrichstr. zu anderen Übergangspunkten umzuleiten. 3. Den Kraftfahrern bzw. Insassen dieser Kfz. ist diese Maßnahme auf Grund der Provokationen am Brandenburger Tor zu begründen. ... 5. Das Brandenburger Tor und der Vorplatz in Richtung Westberlin, der zum Demokratischen Berlin gehört, sind durch bewegliche Pioniermittel zu sperren und durch Einsatzkräfte zu sichern. Dabei sind die Durchlasse des Brandenburger Tores offen zu halten, um die Entfaltung von Sonder-Kfz.- und Sicherungskräften schnell zum wirksamen Schutz der Pioniersperren zu gewährleisten."[130]

Der eigentliche Mauerbau, die ,klassische Betonmauer', begann erst am 8. Oktober, nachdem die DDR am 17. September die Kommunalwahlen – in Ostberlin mit 99,87 Prozent Ja-Stimmen – hinter sich gebracht und den Republik-Geburtstag am 7. Oktober gefeiert hatte. Noch am 8. September hatte es am Tor mit einem ,Barkas'-Kleintransporter einen erfolgreichen Grenzdurchbruch gegeben. Mit dem Bau der Mauer wurde am 15. September auf dem Tor auch der – am 20. März 1990 gefallene – Fahnenmast errichtet, wenig später ,beantwortet' durch die Flagge auf dem südöstlichen Eckturm des Reichstages.

Nunmehr genoß das Tor einen besonderen Status. Es wurde zum militärischen Objekt im ,Handlungsraum der Grenztruppen der DDR', so der Sprachgebrauch der neuen Hausherren. Seit dem 23. August 1962 war dies die am gleichen Tag gegründete Stadtkommandantur der NVA. Sie richtete in den Torhäusern ein Informationszentrum für Staatsgäste ein. Auf dem Tor richteten sich die Beobachter der Grenztruppen ein, später abgelöst durch moderne elektronische Fernbeobachtungsanlagen. Der einzige Zivilist im neuen Hofstaat der *Victoria* war der Hausmeister, Angestellter des Rates des Stadtbezirks

Abb. 52: Besuchertribünen ermöglichen den Blick vom Westen über die Mauer durchs Tor in das andere Berlin..., um 1965

Abb. 53: ... und umgekehrt: Besucherdeligation auf der Ostberliner Seite späht in den Westen, 1963

Mitte. Das Brandenburger Tor war das wohl bestbehütete Denkmal der Welt.

Probleme gab es anfangs nur mit dem Umfeld. Abgesehen von der ‚Entrückung‘ des Tores im Grenzgebiet hatte die auf dem Platz vor dem Brandenburger Tor errichtete Mauer, im Laufe der Jahre zu einer unglaublich massiven Panzersperre ausgebaut, kaum eine visuelle Beeinträchtigung der Anlage zur Folge – wohlgemerkt von Osten. Die Furcht vor gewaltsamen Grenzdurchbrüchen, andernorts erfolgreich praktiziert, ließ die transparenten Absperrungen im Vorfeld des Tores verschwinden, Beton also auch hier. Als im Frühjahr 1963 die Absicht bekannt wurde, auch die Durchgänge des Tores mit Betonelementen von 2 Metern Höhe zu verstellen, setzte sich – erfolgreich – die Denkmalpflege zur Wehr. „Diese Maßnahme ist um so bedauerlicher, da gerade das eine Torhaus für internationale Delegationen hergerichtet worden ist. Diese Delegationen haben immer wieder hervorgehoben, daß sie angenehm enttäuscht sind, nach allem, was sie von westlicher Seite gehört haben, daß dieses Bauwerk unverändert innerhalb des Sicherungsgürtels erhalten geblieben ist...“, konstatierte die behördliche Magistrats-Denkmalpflege am 16. Mai 1963.[131]

In den folgenden Jahren ereignete sich am Tor nur wenig Spektakuläres, wenn man von einigen wenigen Restaurierungsmaßnahmen absieht, die in der Regel in partiellen Ausbesserungen bestanden. Die aufsteigende Bodenfeuchtigkeit im Mauerwerk, die 1964 entdeckt wurde, legte sich, wie man 1967 erleichtert feststellen konnte, glücklicherweise von selbst. Noch sicherer ‚geschützt‘ wurde das Tor dagegen vor eventuellen ‚Passanten‘: 1984 wurde die Grenze zwischen Potsdamer und Pariser Platz durch eine parallel verlaufende zweite, ‚innere‘ Mauer ergänzt und die bogenförmig das Tor umschließende Panzersperre weiter verstärkt.

Seiner klassischen Funktion als Durchlaß beraubt befand sich das Brandenburger Tor, der Öffentlichkeit nicht zugänglich, gleichsam im Niemandsland an der Scheide zwischen Ost und West. Zumal als Fokus sehnsüchtiger Projektionen beiderseits der Grenze war es damit zum Symbol der ‚U-topia‘ schlechthin geworden.

Aus dem Schatten ins Rampenlicht

Die mehr oder weniger oberflächlichen Blicke auf die Quadriga während der 750-Jahr-Feier ließen eine etwas intensivere Befassung mit der ewigjungen Dame und ihrem Gespann als angeraten erscheinen. Das Innenleben war indessen nur mit einem ziemlich hohen Aufwand offenzulegen. Also wurde am 24. April 1989 durch den Magistrat ein Korrosionsschutzgutachten in Auftrag gegeben. Im November lag das Ergebnis der inneren Inventur der Quadriga durch Experten der Bauakademie der DDR, Zentrallaboratorium für Korrosionsschutz, vor.

Nach 31 Jahren Großstadtumwelt an solch exponiertem Standort waren Korrosionsschäden durchaus zu erwarten. Unerwartet aber war deren Umfang, Folge der Sünden unserer Väter und Ausdruck der bescheidenen materiellen Lage und der technischen Möglichkeiten der fünfziger Jahre. Sowohl mit der Materialwahl als auch durch untaugliche Korrosionsschutzmaßnahmen, wie der Einsatz von Chlor absondernden Kunststoffen als Umhüllung von Eisenteilen, war der beschleunigte Zerfall der Konstruktion vorprogrammiert gewesen. Als notwendiges Fazit stand nun die Demontage und Erneuerung der Stützgerüste an.

Inoffiziell hatten die Denkmalpfleger seit Sommer des Jahres wieder einen ihrer alten Träume aufleben lassen: Die Komplettierung des Siegeszeichens mit Eisernem Kreuz und Adler noch vor einer eventuellen Restaurierung der Quadriga. Beide Attribute hatten 1958 überlebt und blieben bis 1979 absichtsvoll im Büroschrank des damaligen ‚Bevollmächtigten des Oberbürgermeisters für das Brandenburger Tor' verborgen, auch vor den Augen jener, die sie hatten entfernen lassen. Unauffällig nahm dann das Märkische Museum die Stücke in sein Depot. Das Kreuz war im Keller ‚vergessen'; das andere Objekt hingegen war durchaus präsentationsfähig – als „Preußenadler unbekannter Provenienz, um 1790."

Ebenfalls nicht ohne Hintergedanken hatten im Vorfeld des Stadtjubiläums

Abb. 54: Aufforderung Reagans an Gorbatschow, das Tor zu öffnen, 12. Juni 1987

die Magistratsdenkmalpflege und das Märkische Museum der Stadtkommandantur bei der Komplettierung der Ausstellung im Informationszentrum geholfen – die ambivalenten Requisiten kamen ins nördliche Torhaus. Wenn schon nicht auf, dann wenigstens im Tor. Nachdem frühere Versuche von vornherein kaum Erfolgschancen hatten, war 1987 eigentlich die Gelegenheit für die Rückkehr der Attribute in das Siegeszeichen. Peter Goralczyk, Generalkonservator des Instituts für Denkmalpflege, sprach im Ministerium für Kultur vor, dieses wiederum bei Kurt Hager, dem Kulturgewaltigen im Politbüro. Vergeblich – der Jubiläumsaufwind reichte nicht zum Höhenflug des Adlers...

Auch nicht Reagans Appell vor dem Brandenburger Tor bei seinem gerade fünfstündigen Besuch am 12. Juni 1987: „Generalsekretär Gorbatschow, wenn Sie nach Frieden streben, wenn Sie Wohlstand für die Sowjetunion und für Osteuropa wünschen, wenn Sie die Liberalisierung wollen, dann kommen Sie hierher zu diesem Tor ... Herr Gorbatschow, öffnen Sie dieses Tor – Herr Gorbatschow, reißen Sie diese Mauer nieder."[132] Der amerikanische Präsident konnte zwar im Augenblick nichts bewirken, der Adressat seiner Worte war aber auf lange Sicht der Richtige. Die Ereignisse in der DDR vom Oktober und November 1989 sind ohne Gorbatschow unvorstellbar. Was immer zur ‚Oktoberrevolution 1989' schließlich geführt haben mag – der ‚neue Mann im Kreml', der Abbau der Grenzsperren Ungarns nach dem 2. Mai 1989, die daraufhin einsetzenden Botschaftsbesetzungen und Flüchtlingswellen – wird Jahre penibler Geschichtsforschung verlangen. Daß diese Wende auch die Wende für das Tor wurde, wurde erst später klar.

Aber das Tor war und blieb Tagesgespräch – weniger in akademischen Zirkeln, als vielmehr im Wortsinne, im Volk. Am 40. Jahrestag der DDR (7. Oktober 1989) war die Existenz des Sozialismus *de facto* beendet. Eine am Beginn des Jahres noch nicht zu erahnende Volksbewegung hatte die Verhältnisse in der DDR in unglaublich kurzer Zeit grundlegend verändert. Als die Panzersperre vor dem Brandenburger Tor am 9. November zur Bühne für das Grenzöffnungs-Volksfest wurde, hatte das Tor wieder einen festen Platz im Bewußtsein der Deutschen auf beiden Seiten.

Mit der unabsehbare Ausmaße annehmenden Demontage des SED-Apparates 1989 bekam auch der Ostberliner Magistrat wieder Luft. Nach einer gründlichen Inspektion der Quadriga am 8. Dezember mußten die entsandten Denkmalpfleger, der Inspektor für Denkmalpflege Horst Weiss, sein Stellvertreter Uwe Kieling und der Kupferschmied Helmut Krämer jedoch feststellen, daß „eine Komplettierung des Eichenkranzes mit den ... Attributen (Adler und Eisernes Kreuz) ... erst im Rahmen einer Gesamtrestaurierung der Quadriga möglich [ist]. Da der Zustand des konstruktiven Stützgerüstes und der Kupferaußenhaut ... eine umgehende Erneuerung der Konstruktion und Überarbeitung der Außenhaut gebietet, wird die Quadriga bis zum 200. Jahrestag der Eröffnung des Tores am 6. 8. 1991 rekonstruiert bzw. restauriert."[133]

7. Das nationale Symbol

‚Nach-Revolution‘ und Silvesternacht 1989

Mit dem 9. November war auch der Exil-Status des Tores aufgehoben – Ergebnis einer beiläufigen Erwähnung des SED-Politbüro-Mitgliedes und Medienverantwortlichen Günter Schabowski, eigentlich am Vortag mit dem gesamten Politbüro zurückgetreten: „Mir ist eben mitgeteilt worden: Der DDR-Ministerrat hat beschlossen, Privatreisen nach dem Ausland können ohne Vorliegen von Voraussetzungen beantragt werden."[134] Zwar stand im Umfeld noch geraume Zeit der Schilderwald ‚Grenzgebiet‘, tatsächlich aber bestimmten die Berliner weitgehend selbst das Grenzregime. Aber, wie Volkszorn macht Volksfreude vor nichts halt und daß die 28 Jahre alte Losung ‚Macht das Tor auf‘ in Kürze mit der Öffnung desselben beantwortet werden sollte, schreckte zwar politisch so manchen Ex-Mauerbauer, ließ aber – aus ganz anderen Gründen – auch die Denkmalschützer unruhig werden.

Das Tor als Pforte für Zehntausende am ‚Tag X‘? Gedrängte Menschenmassen in den schmalen ‚Trichtern‘ der Tordurchgänge? Ungestörte nächtliche Graffiti-Orgien? Denn noch war das Tor nicht wieder das, was es einmal war, ein – wenn auch herausragendes – Denkmal unter vielen und als solches in der Öffentlichkeit angenommen, sondern ein symbolträchtiger Grenzübergang. Schon der 9. November hatte seine Spuren hinterlassen.

Bereits am Freitag, dem 17. November, einigten sich die für das Tor und den Pariser Platz verantwortlichen Stadträte für Kultur und für Verkehr nach Beratung mit dem Inspektor für Denkmalpflege und anderen Fachleuten auf einen Kompromißvorschlag an die Regierung der DDR für den „denkmalpflegerischen Ernstfall": Einrichtung eines Grenzüberganges in der in unmittelbarer Nähe des Tores gelegenen Dorotheenstraße, damals Clara-Zetkin-Straße, um das Denkmal vor dem zwangsweisen Durchgang aller Grenzpassanten zu bewahren; bis zur endgültigen Wiederbebauung des Pariser Platzes – zu diesem Zeitpunkt eine sehr ferne Fiktion – sollte die Toranlage als museal-denkmalpflegerischer Bereich mit uneingeschränktem Zugang gestaltet werden.

Von offenbar anderen Prämissen war am 23. November die zwiespältige Stellungnahme des Generalkonservators des Instituts für Denkmalpflege, Dr.

Peter Goralczyk, an den Kulturminister geleitet: „Der Inspektor für Denkmalpflege unterrichtete mich am 23. 11. 1989 davon, daß sich der Oberbürgermeister ... an den Außenminister ... wenden wird. ... Ich lege Wert darauf festzustellen, daß aus denkmalpflegerischen Gründen keine Einwände gegen die Öffnung einer Grenzübergangsstelle ... durch das Brandenburger Tor erhoben werden.“[135] Vorrang hatte hier die Forderung nach der uneingeschränkten Erlebbarkeit des Denkmals in seiner originären Funktion.

Abb. 55: Wenn auch die Mauer noch steht, so hat doch das Tor seinen Zweck, Durchschritten zu werden, wiedererlangt; im November 1989

Eine Abstimmung zwischen beiden Standpunkten war im Trubel der Zeit nicht erfolgt, das Schreiben des Generalkonservators gelangte dem Inspektor erst viel später zur Kenntnis. Die Entscheidung oblag nun allein der Regierung. Und diese erfuhren die Denkmalpfleger am 19. Dezember – aus der *Aktuellen Kamera!* Anläßlich des Besuchs von Bundeskanzler Helmut Kohl in Dresden verkündete Ministerpräsident Hans Modrow die Öffnung des Brandenburger Tores für Freitag, den 22. Dezember.

Und sie erfolgte wieder über Nacht. Erst am Donnerstagabend traten NVA-Soldaten und DDR-Bauarbeiter zum Nachteinsatz an; Stars einer Welt-Fernsehgemeinde, die live dabei war. Am Freitag gegen 15 Uhr gingen schließlich Ministerpräsident Modrow mit Oberbürgermeister Krack und Bundeskanzler Kohl mit dem Regierenden Bürgermeister Momper am nördlichen der beidseitig der Panzersperre gelegenen Übergänge aufeinander zu. „Grenzen öffnen sich, Welten öffnen sich. Die Stadt wird zur Schnittstelle wechselseitiger Beziehungen. Hier gehen Welten aufeinander zu, Peripherien werden zur Mitte. ... Weite Horizonte erschließen sich ... für alle Berlinerinnen und Berliner, im Dezennium vor der Jahrtausendwende an der Gestaltung eines auf stabilen Fundamenten begründeten, menschenfreundlichen und zukunftssicheren Hauses Europa mit- zuwirken.“ – So Erhard Krack. Und Walter Momper, ein Jahr später erstes Gesamtberliner Stadtoberhaupt: „Heute haben wir das Tor für die friedvolle Zukunft Europas aufgemacht. Wir verändern das Gesicht unseres Kontinents. Die geschichtlichen Umwälzungen dieser Tage sind Anlaß für große Hoffnungen auf die Zukunft ... Berlin, nun freue Dich!“[136]

Dann war nicht nur die Mauer gesprengt, sondern auch der letzte Rest Beherrschung der wartenden Menschen. Wie es den im Gewühl untergehenden Sicherheitsbeamten erging, wissen wir nicht, sicher ist aber, daß die vier Prominenten ohne Rippenbrüche davonkamen. Und das Tor? Es stand tagelang inmitten eines Volksfestes.

Die Silvesternacht schrieb ihre eigene Vorgeschichte. Eingedenk des für nächtliche Massenveranstaltungen gefährlich ungeeigneten Umfeldes – der Grenzstreifen war ein Stoppelacker mit überdimensionalen Kaninchenburgen als Knochenbrecher und

Abb. 56: Die bereits zerlöcherte, aber noch nicht beseitigte Mauer vor dem Brandenburger Tor, im März 1990

ungesicherten unterirdischen Ruinen – und der Gefahr für die Toranlage untersagte der Magistrat von Beginn an alle organisierten Aktionen. Manche ‚Veranstalter‘ meinten, dies ignorieren und über Ankündigungen in den Medien vollendete Tatsachen schaffen zu können... Vor allem von den am Tor versammelten TV-Stationen aus aller Welt wurden immer wieder vage Hoffnungen geweckt. Welchem Berliner aber könnte ein Vorwurf gemacht werden, der zum Ausleben seiner Freude dem Ruf zum Fest am Tor folgte?

Was dann geschah, ist durch die Medien – live und tagelang im Rückblick – berichtet, kommentiert, analysiert und verteidigt worden. Das Silvesterfest am Brandenburger Tor nahm eine Jahrhundertfeier vorweg – Jahrzehnte wird es in Erinnerung bleiben. Das zuerst die Kletterer selbst gefährdende Besteigen des Tores noch vor Mitternacht, der Zusammenbruch der Video-Wand des DDR-Jugendsenders *elf 99*, 271 Verletzte und ein Toter Unter den Linden, abgestürzt an unbekanntem Ort, gaben der Jubelfeier einen tragischen Hintergrund. Selbst im Eichenkranz tummelte sich der personifizierte Leichtsinn. Auf wundersame Weise stürzte niemand ab, denn welcher der zeitweise über 500 ‚Quadriga-Gäste‘ auf dem Dach des Tores war wohl nüchtern? Ein Jahrhundertereignis, eine euphorisierte Stadt, ein historisches Bauwerk.

Der Neujahrstag war für die Ostberliner Denkmalpfleger kein guter Jahresanfang. Das Fernseherlebnis der Nacht, die Telefonkonferenzen bis ‚hoch‘ zum Oberbürgermeister und die Ungewißheit des zu Erwartenden – am 1. Januar war das Tor noch der Spurensicherung der Kriminalisten vorbehalten – ließen sie dem nächsten Tag mit Bangen entgegensehen.

Bis in die Abendstunden des 2. Januar dauerte die Schadensaufnahme einer

*Abb. 57: Ausverkauf eines ge-
scheiterten Systems auf dem Pariser Platz*

mit den Kriminalisten gemeinsam gebildeten Kommission. Am nächsten Morgen gegen 2 Uhr war das Protokoll geschrieben. Müßig, die Gefühle der Kupferschmiede Helmut Krämer und Jörg Schwieger, die die Quadriga in der Vergangenheit gepflegt hatten, des Leiters des Informationszentrums,
NVA-Oberstleutnant Georg Herrmann, seit Jahren eng verbunden mit ‚seinem‘ Tor und Augenzeuge der Ereignisse, und der beiden Denkmalpfleger
Horst Weiss und Uwe Kieling zu beschreiben.

Sehr schnell differenzierten sich die Schadensursachen. Bei der Feier war
eben nicht, wie erhofft, nur etwas vom guten Familienporzellan zu Bruch gegangen. Nein, die Gäste hatten gleich das Mobiliar mit zerhackt. Das Dach
war von unzähligen Sekt- und Schnapsflaschen – einem Querschnitt europäischer Produktion vom Kaukasus bis nach Spanien – übersät, Bierbüch-
sen und Spraydosen westlicher Herkunft, Feuerwerkskörper und Schreck-
schußmunition, zerfetzte Fahnenreste, alles bildete einen Teppich. Dachluken
waren wie Konservendosen aufgerissen, die Beobachtungskameras der Gren-
zer gestohlen oder auf die Torhausdächer geworfen, die Anstrahlungsschein-
werfer zerstört, im Dachraum war die Elektroinstallation zerschlagen, die Spin-

de des Hausmeisters waren ausgeräumt und Eisentüren aufgebrochen. Bis in das Obergeschoß des nördlichen Torhauses waren die Vandalen vorgedrungen, um neben aufgebrochenen Türen zerschlagene Ausstellungsvitrinen zu hinterlassen, im Dach fanden sich sogar Brandspuren. Die Kupferbedeckung der Torhaus-Dächer war vielfach eingetreten, alle kupfernen Regenfallrohre und Blitzableiter waren zerstört.

Und der plastische Schmuck? Die *Athena* büßte einen Zeh und ihre Speerspitze ein – der Dieb konnte aber gefaßt werden. Das Gewand des *Ares* zeigte Beschädigungen und tiefe Kratzspuren im Sockel, und der Schild war aus der Halterung gebogen. Am traurigsten bot sich die Quadriga dar. Das Haupt der Göttin zierte kein einziges Lorbeerblatt, ihr linker Arm war angebrochen und das Gewand mit zahllosen Inschriften, zum Teil tief eingegraben, bedeckt. Das Zaumzeug und die Zugseile des Gespanns waren abgerissen und zu Buntmetallschrott verarbeitet worden, handliche ‚Souvenirs‘ fanden sich noch unter den Laufrosten. An den Pferden hatten kräftige Tritte und Schläge mit harten Gegenständen – Sektflaschen? – unübersehbare Beulen hinterlassen, ebenso am Wagen. Und für jeden Besucher des Pariser Platzes war der geplünderte Eichenkranz des Siegeszeichens sichtbar. Eine Erleichterung hatten die ‚Inventarisatoren‘ dennoch: Die Standsicherheit des Bildwerkes war trotz alledem nicht gefährdet.

Vorspiel zum Zweihundertsten – die Quadriga auf Reisen

Der ‚Euphorie des Erschreckens‘ folgte allseitige Ernüchterung. Die Medien flossen über von Betroffenheit – auch der eigenen? Protestbriefe aus Ost und West, Distanzierung vom Geschehenen, Hilfsangebote. Die Flut der Bekundungen und die Angebote zur tätigen Mithilfe bei der Schadensbeseitigung, aber auch prononcierte Ablehnung von Spenden mit dem Verweis auf die strafrechtliche Verantwortung der Täter – für Ostberlins Denkmalpfleger eine in dieser Dichte bisher nicht gekannte öffentliche Reaktion. Eine West-Berliner Zeitung rief schon am 4. Januar zu Spenden auf, eine West-Bürgerin forderte öffentlich einen sich in der Presse als Silvester-Helden gebärdenden Mitbürger ihres Wohnortes zum Schadensersatz auf, ein Thüringer Schuhmachermeister bot seine Hilfe als Amateurkupferklempner an, ein 82jähriger Steinmetz aus Berlin wollte das gestohlene Basisteil einer Säule ersetzen, die Mutter eines ‚Delinquenten‘ brachte ein Lorbeerblatt zurück. Gerade dies war wichtig – es hätte sonst keine Vorlage für die originalgetreue Nachbildung des Lorbeerkranzes gegeben. Auch eine Eichel vom Siegeszeichen fand sich – für 20

DM auf einem Westberliner Trödelmarkt erworben und vom Käufer dem Magistrat geschenkt...

Bemerkenswert hoch war auch die Spendenbereitschaft der Bevölkerung. Über das Jahr 1990 hin war dabei ein bemerkenswerter Wandel zu beobachten. Das Engagement von Firmen aller Größen und Banken blieb erstaunlich stabil, wenn auch mit diesen Leistungen und Materialien nur ein Teil der Wiederherstellung zu bestreiten war. Den spontanen Geldspenden und den ebenso spontanen Spendenaufrufen der ersten Wochen folgten systematischere Aktionen. Bereits im März 1990, also noch vor der Gewißheit der Einigung beider Stadthälften im laufenden Jahr, hatte sich die ‚Kulturstiftung der Länder‘ mit der Broschüre *Helft, das Brandenburger Tor in Berlin zu restaurieren. Ein Appell der Freunde des Brandenburger Tores* an die Öffentlichkeit gewandt. Am 23. Dezember konnte die *Berliner Morgenpost* melden: „Spenden aus dem In- und Ausland: Fast 400.000 DM", zwei Monate zuvor waren es erst 150.000 DM gewesen. Das Spendenkonto der Stiftung, geführt bei sieben Berliner Banken, hatte die Konto-Nr. 1791.

Daneben gab es sofort ganz praktische und professionelle Angebote, mit unter den ersten waren die Industriebergsteiger. Ein Angebot bestach durch Exklusivität und historischen Bezug – am 23. Januar bot Frankreich durch seinen Kulturminister die Hilfe seiner besten Metallrestauratoren an. Doch, was sollten französische Kupferschmiede in Berlin ohne Werkstatt ausrichten können – gezwungenermaßen lehnte man dankend ab, hatte dafür aber eine große Bitte: Hilfe bei der Aufhellung dunkler Flecke in der Quadriga-Biographie der Jahre 1806–14 in französischen Archiven; die solchermaßen erbetene Hilfe blieb leider aus.

Natürlich flammte nun auch – begonnen bereits im Dezember 1989 – der Streit um das Eiserne Kreuz wieder auf, von vielen älteren Bürgern und Kriegsgegnern noch immer als militärisches Symbol verstanden. Und wie in der ‚quadrigalosen Zeit‘ gab es obskure Vorschläge für ihre ‚Verbesserung‘. Glanzstück dieser Sammlung war sicher das Projekt eines Spandauer Bildhauers vom 9. Januar, die Quadriga drehbar zu lagern und mit einem Glockenspiel und einer Zeitschaltuhr gekoppelt in 24 Stunden einmal kreisen zu lassen. „Die eigentliche Botschaft der Quadriga, den Triumph ... des Friedens darzustellen und in alle Welt zu verkünden, wäre so symbolisch verstärkt darstellbar."[137]

Wenn auch dem Außenstehenden nur formal wichtig erscheinend, so gab doch der Magistratsbeschluß vom 29. Januar erst den Denkmalpflegern die Grundlage für ihre Handlungsfreiheit: Die vordem zersplitterte Rechtsträgerschaft des ‚staatlichen Eigentums‘ – die Torhäuser wurden vom Rat des Stadtbezirkes Mitte verwaltet und der Torbau vom Stadtrat für Verkehr- und Nachrichtenwesen – wurde vereinigt. Mit Wirkung vom 1. Februar 1990 wurde als Rechtsträger des Brandenburger Tores (einschließlich des linken und rechten Torhauses) der Magistrat von Berlin, Abt. Allgemeine Verwaltung, eingesetzt. Diese eindeutige Verantwortungszuweisung hatte schnelle Maßnahmen zur

Folge: Bereits am 30. Januar erhielt das ‚VEB Bau- und Montagekombinat Ingenieurhochbau Berlin/Betrieb 2', kurz ‚IHB', den Auftrag, das Vorhaben als – im DDR-Jargon – ‚HAN', als ‚Hauptauftragnehmer', unter seine Fittiche zu nehmen. Auch die neue Nutzung der Torhäuser – mit der Kündigung des Nutzungsvertrages durch die Stadtkommandantur wurden sie geräumt – war im Januar geklärt: Das südliche Torhaus wurde von der Berlin-Information als Informations- und Verkaufsbüro übernommen, das nördliche vom Märkischen Museum als Ausstellungshalle zur *Geschichte des Brandenburger Tores*.

Soweit, so gut. Aber wer sollte nun am Tor Kupferhammer, Kelle und Pinsel schwingen? Daß der VEB Denkmalpflege Berlin künstlerisch-handwerkliche Spezialleistungen übernehmen und das WBK Berlin die Vorbereitung der Erneuerung der Stützgerüste für die Quadriga weiterführen würde, war klar. Die ‚Silvesterüberraschung' aber war im kommunalen Haushalt nicht eingeplant gewesen und Staatszuschüsse zum geschätzten Aufwand von etwa 1,5 Millionen Mark in der konkreten Situation der sich ‚wendenden' DDR-Wirtschaft nicht zu erwarten. In dieser Situation war jedes – seriöse – und vor allem kostenlose Angebot, war jede Spende, Sachleistung oder finanzielle Hilfe gefragt.

Die umfangreiche Vorbereitung zügig voranzutreiben wurde durch fehlende und unterentwickelte Kooperationsmöglichkeiten zum ‚NSW' – die sozialistische Umschreibung des westlichen Marktes mit ‚Nichtsozialistischem Währungsgebiet' – und die Devisengesetze der DDR empfindlich behindert. Auch waren nicht alle potentiellen Spender und Helfer zu einer vorurteilsfreien ‚Grenzüberschreitung' bereit oder befugt – noch stand das Brandenburger Tor an der Grenze zwischen zwei Welten. Mit der offiziellen Beauftragung von Michael S. Cullen, Bauhistoriker in West-Berlin und seit Jahren auch mit Problemen der Denkmalpflege in ‚seinem' Teil der Stadt vertraut, mit der Koordinierung der grenzüberschreitenden Leistungen durch den Magistrat am 5. Februar 1990 war schließlich die Brücke zwischen Ost und West geschlagen.

Die Vorbereitung der baulichen und denkmalpflegerischen Instandsetzung der drei Bauwerke der Toranlage war mit dem ersten Grobablaufplan vom 13. Februar durch den IHB auf den Weg der professionellen Routine gebracht. Der wichtigste Schmuck des Tores – die Quadriga – blieb hingegen das Sorgenkind und sorgte für Überraschungen. Nach Auskunft von Hermann Noack wurden – bedauerlicherweise – keine Konstruktionsunterlagen von 1956/57 archiviert. Eine Abbildung in einer Publikation von 1982 schien aber doch eine Zeichnung der Stützkonstruktion zu zeigen. Der damalige Landeskonservator von West-Berlin – ein Jahr später von ganz Berlin – Prof. Helmut Engel leistete ‚Amtshilfe'. Was er schließlich fand und zu abendlicher Stunde am Tor entrollte, waren zwar keine Entwurfszeichnungen, dafür aber die während und nach dem Zusammensetzen der Bildwerke angefertigten Aufmaße, d.h. Revisionszeichnungen von 1958.

Ein Anruf aus Kreuzberg am 11. Januar stellte auch die Weichen für den

Weg der Quadriga: das Museum für Verkehr und Technik (heute: Deutsches Technikmuseum) bot die komplette Restaurierung in seinen Werkstätten an, finanziert von der Mannesmann-AG. Museumsdirektor Prof. Günter Gottmann hatte noch einen exquisiten Service zu bieten: Durch eine verglaste Zwischenwand würden Museumsbesucher die Arbeit in jeder Phase und im Detail verfolgen können. Anfang März war die offizielle Vereinbarung unter Dach und Fach, die auch die Mitwirkung von Restauratoren aus anderen Firmen und DDR-Betrieben regelte. Die fachliche Betreuung seitens des Instituts für Denkmalpflege übernahm der Generalkonservator Dr. Peter Goralczyk persönlich.

Einziges Hindernis waren nun noch die bürokratischen Formalitäten und technischen Probleme des ‚Exports' der Quadriga. So war fraglich, ob sie durch den viel zu niedrigen ‚Checkpoint Charlie' passen würde und ob die umfänglichen Papiere für die ‚Ausfuhr des Bilanzmaterials' Kupfer fristgemäß vorliegen würden. Doch irgendwer machte den verblüffenden Vorschlag, die Quadriga vom Kran aus einfach auf der Westseite der Mauer niederzulassen – gesagt, genickt, getan... Die Papiere für die ‚leihweise Ausfuhr von Kunstgut' wurden am Grenzstrich gewechselt.

Nachdem am 22. März bereits Fahnenmast und Deichsel vom Tor geschwebt waren und die Spezialisten des VEB Wohnungsbaukombinat Berlin (WBK) die Befestigungspunkte der Bildwerke freigelegt hatten, kam am 23. März der große Tag der Quadriga. Ein Team unter Leitung von Gerhard Peters, schon Leiter der Quadrigamontage 1958, Günter Czapczyk, Stahlbauer vom WBK, und Werkstattleiter Michael Lehmann vom MVT ging ans Werk, 20 Meter tiefer warteten Kranfahrer Jürgen Holzhüter und Kraftfahrer Axel Linsing von der Firma Brandt auf ihren Einsatz. Zügig in gleichem Takt kam Teil für Teil vom Tor: Anschlagen mit straffgezogenen Seilen, Trennen der Befestigungen mit dem Schweißbrenner und Anheben, Ausschwenken, Niederlassen, Übernahme durch den Ladekran und Schwenken auf den vor der Mauer stehenden Tieflader. Als erstes zogen sich um 8.20 Uhr die Schlingen um das Siegeszeichen zu, 8.31 Uhr hob es ab. Die Heldin des Tages, *Victoria*, hob um 9.19 Uhr ab. Wenig heldenhaft fand sie sich am Boden in West-Berlin bis zur Verladung an einen Laternenpfahl gebunden. Sicherheit, Präzision und Gelassenheit. Gelassenheit auch bei Ost-Berlins Oberbürgermeister Hartenhauer, der ihr am Ort jovial seine Reverenz erwies.

Zu ihrer – hoffentlich für viele Jahrzehnte – vorletzten Reise ging die Göttin um 12.01 Uhr auf Fahrt. Geleitet von einem Konvoi mit Polizei, Denkmalpflegern und Kameraleuten nahm sie aufrechtstehend die Huldigungen der Berliner auf der Straße des 17. Juni, der Entlastungsstraße, der Potsdamer Straße und Brücke, dem Schöneberger und Tempelhofer Ufer und der Möckernstraße entgegen und stand um 13.00 Uhr sicher in der Werkstatt auf dem ehemaligen Anhalter Güterbahnhof. Gegen 20 Uhr war die Gruppe wieder komplett. Aufatmen bei Bauschlossern und Bauleitern, Gerüstbauern, Kraft- und Kranfahrern – und bei den Denkmalpflegern.

Die Restaurierung des Tores 1990/91

Dem Zeitdruck geschuldet setzten erst mit den Baumaßnahmen auch die – als unabdingbare Vorbereitung notwendigen – restauratorischen Untersuchungen ein. Die Schadensuntersuchungen und Materialanalysen am Sandstein und am Mauerwerk einschließlich der Farbfassungen wurden von einer Vielzahl von in- und auch ausländischen Spezialisten-Teams vorgenommen, die dabei modernste Technik einsetzten. Gewissermaßen als willkommener Nebeneffekt konnten solchermaßen einige Details der Baugeschichte aufgeklärt werden.

Der die Steinuntersuchung leitende Restaurator Thomas Schubert, der auch die Restaurierungsdokumentation verfaßte[138], konnte feststellen: „Der Gesamtzustand der Toranlage zeigte keine statischen oder konstruktiven Probleme. Doch die Vielzahl und die Spezifik der einzelnen Schadensbilder erforderten unverzüglich eine Restaurierung."[139]

Die Geschichtlichkeit des Tores bewahren heißt auch die Spuren der Geschichte, soweit sie den ästhetischen Gesamteindruck und das Erscheinungsbild nicht ent-

Abb. 58: Die Siegesgöttin auf dem Weg ins Museum für Verkehr und Technik

scheidend beeinträchtigen, erhalten. Sowohl die Farbfassungen auf dem Sandstein als auch dessen Herkunft und petrographischen Daten konnten in einer für die Restaurierung hinreichenden Genauigkeit ermittelt werden. Bis auf Ausnahmen, vor allem unsachgemäße frühere Ausbesserungen mit Mörtel, wurden im Sandstein daher nur Fehlstellen ab der Größe eines DDR-Fünfmarkstückes ausgebessert, absandende Flächen wurden chemisch gefestigt.

Die Untersuchungen des Mauerwerks offenbarten, daß die Hoffnungen von 1967 getrogen hatten - nach wie vor gab es aufsteigende Nässe in den Torpfeilern und Wänden. Dem verantwortlichen Architekten Karl-Heinz Föhse half ein historischer Befund: Die Torpfeiler hatten einst im unteren Bereich eine Sandsteinverkleidung. Die neue Verblendung, nun mit Abstand am Mauerwerk angebracht, läßt die Feuchtigkeit entweichen; Putzbereiche erhielten einen Feuchte abdunstenden Sanierputz.

Abb. 59: Restaurierung der Quadriga in der Werkstatt des Museums für Verkehr und Technik; Kupferpferde im Hof des Museums

Vierungen minderer Sandsteinqualität aus früheren Instandsetzungen sowohl in Bauteilen als auch in den Bildwerken mußten hingegen zumeist ausgetauscht werden. Der Metopenfries offenbarte nach der Reinigung die ganze Palette der bildhauerischen Handschriften zweier Jahrhunderte – vom dramatischen und detailreichen Klassizismus Schadows über die glatte Kühle der 20er Jahre bis hin zum die Kampfszenen entdramatisierenden ‚Sozialistischen Realismus' der Fünfziger.

Problematisch war die Farbgebung des Tores. Die historische Reihung der Putzfarbigkeit – die Farbfassung hatte ja in der zweihundertjährigen Geschichte zahlreiche Veränderungen erfahren – konnte ‚mangels Masse' nicht mehr schlüssig nachvollzogen werden, die letzten Befundmöglichkeiten der Decken in den Durchgängen und der Wände waren 1956–58 und 1986/87 beseitigt worden. Abgesehen davon wäre es ohnehin fraglich gewesen, ob eine eventuell aufgefundene originale Farb-Fassung – das mit relativer Sicherheit anzunehmende Marmor-Weiß – aus dem 18. Jahrhundert mit der veränderten architektonischen und städtebaulichen Situation verträglich gewesen wäre. Die Kompliziertheit der Findung einer endgültigen Gesamt-Farbfassung – Sandstein-Bauteile, Sandstein-Bildschmuck, Putz-Wand- und Deckenflächen – verdeutlicht die durch den Chemiker Dr. Michael Kupfer ermittelte Schichtfolge auf dem Attika-Relief: Weiß (1791), helles Braun (1804), Sandsteinfarben (1816), Dunkelgrau (1840), Hellgrau (1867/68), Bronze (1897), Vergoldung (1898) und Sandsteinfarben (Anf. 20. Jh.).

Mittels mehrerer Probeanstriche wurde schließlich ein dunklerer – ‚sandiger' – Putzton gefunden, der die Körperhaftigkeit der kleineren Torhäuser gegenüber der Massigkeit des Tores bewahren hilft und die ästhetische Ganzheit der Anlage unterstreicht. Die Industrie-Sterilität moderner Anstrichtechnologien wurde durch einen lasierenden, d.h. den Untergrund durchscheinen lassenden Auftrag vermieden, die Flächen ‚leben' und korrespondieren mit der natürlichen Farbigkeit des Sandsteins. Für die Decken in den Durchgängen und den Säulenhallen wurde eine zurückhaltend dekorative Fassung nach historischem Vorbild im Grundton des Wandputzes entwickelt. Diese für den Auftraggeber durch die Magistratsdenkmalpflege und als Fachbehörde durch das Institut für Denkmalpflege getroffene Entscheidung über die Farbigkeit der Tor-Anlage bietet für gestrenge Denkmalpfleger sicher Anlaß zu Debatten… „Das sich bietende Bild des Brandenburger Tores ist historisch gewachsen und diese ablesbare Geschichtlichkeit ist Bestandteil seiner Existenz geworden. Das heutige, auf das Notwendige und Zuträgliche sich beschränkende Herangehen des Denkmalpflegers sucht das im geschichtlichen Prozeß sich vollziehende Prinzip permanenter Veränderungen in vertretbarer Grenzen zu halten. ... Das Vertretbare hat daher vor dem Wünschenswerten und Machbaren den Vorrang."[140]

Als am späten Abend des 24. September 1991 eine der vielen Beleuchtungsproben zu Ende ging, gestand Projektleiter Hans-Joachim Dombrowski von der Philips Licht GmbH, daß seine 'Lichtkünstler' die Anstrahlung des Tores unterschätzt hätten. Zwar lag schon im April eine Anstrahlungskonzeption vor, aber Papier ist kein Licht. Die Denkmalpflege forderte deshalb ein schrittweises – 'empirisches' – Vorgehen. Und in den vielen Nächten am Tor offenbarten sich die Probleme von die Plastizität verfälschenden Anstrahlungswinkeln bis zu beeinträchtigend sichtbaren Beleuchtungskörpern. Das Projekt wurde am Ort in vielen Punkten verändert, die Hauptarbeit leisteten anscheinend die Augen der Fachleute und nicht der Computer... Am Ende konnte auch hier nur ein zeitweiliger Kompromiß stehen, geschuldet der politischen Forderung, das Symbol erstrahlen zu lassen, und der „unnatürlichen" Freistellung des Tores inmitten einer Ödnis ohne jegliches Umgebungslicht und jede Maßstäblichkeit. Wenn auch in Zusammenarbeit mit den Projektanten des einstigen Ingenieurhochbau Berlin (IHB), Heinz Aust und Rolf Nicks, manches Detail verbessert werden konnte – eine endgültige denkmalgerechte An- und Ausleuchtung des Tores kann erst sukzessive und im Konnex mit der rahmenden – neuen – Platzumbauung gefunden werden.

Die Wiederinstandsetzung der Quadriga

Alle Hoffnungen auf eine Wiederaufstellung der Quadriga noch im Jahr 1990 zerstoben mit der Demontage des Stützgerüstes der *Victoria*. In ihrem dunklen Inneren stehend wähnte der Betrachter sich bei äußerer Helle in einem Planetarium: helle Fixsternpunkte, Sternhaufen und Milchstraßen. Verarbeitungsfehler an den Nähten und Korrosion hatten ein Lochmuster erzeugt. Zur Beseitigung der Silvesterschäden folgte nun, einem Gutachten der Akademie der Wissenschaften der DDR entsprechend, die quadratzentimeterweise Überarbeitung der gesamten Oberfläche der Plastiken.

Mit Jahresbeginn 1991 begann die Montage des Siegeszeichens, dessen Attribute nach über drei Jahrzehnten Aufbewahrung im Innenraum natürlich keine Schäden aufwiesen; es folgte das Zusammensetzer der *Victoria* und der letzte Schliff am Streitwagen. Und – die 'Pferdepflege'. Die Arbeiten am Kupfer hatten das einheitliche äußere Erscheinungsbild, d.h. die geschlossene Pa-

Abb. 60: Der Kopf der Sieges-
göttin – zur Restaurierung
demontiert

tina-Fläche, zerstört. In Zusammenarbeit mit der Akademie der Wissenschaften wurden nach Analyse der alten Patina 20 verschiedene Rezepturen erprobt und schließlich mit Amoniumsalzen eine neue Patina geschaffen, chemisch unbedenklich und ästhetisch befriedigend.

Als *Die Welt* am 31. März 1990 ihren alljährlichen Aprilscherz kreiert hatte, amüsierte sich nicht nur die Fachwelt über den bis zum 5. April anhaltenden Nachdruck durch verschiedene andere Zeitungen zu den Problemen mit der Quadriga: „Fingerdicke Risse in der Gußbronze sowie Brüche der Verstrebungen", „die etwa drei bis vier Zentimeter starke Bronzehaut der Figur" habe sich in ihrer inneren Struktur dank des sauren Regens regelrecht aufgelöst etc. Auch die Mitteilung über einen Ersatz des klassizistischen Kupferbildwerkes durch den ersten 1989 die ungarisch-österreichische Grenze passierenden Trabi oder ein Stück Berliner Mauer – enthalten in einem ‚geheimen Strategiepapier' der beiden Berliner Bürgermeister – machte die Redakteure nicht stutzig.

Bewährungsproben für ein ‚Kultobjekt'

Trotz der weitgehenden Normalisierung im Umgang mit dem Tor blieb es ein Magnet für Veranstaltungen aller Art. Der Organisator des Berlin-Marathons, der Tempelhofer Konditormeister Horst Milde, setzte den Magistrat schon im Frühjahr in den Medien wegen dessen angeblicher Weigerung, den Marathon durch das Tor stattfinden zu lassen, massiv unter Druck. Nachdem geklärt war, daß ein wie auch immer adressierter Antrag niemals beim allein zuständigen Joachim Linke eingegangen war, sorgte dieser für direkte Gespräche mit Milde. Mitte Mai vereinbarte Milde den Marathonlauf für den 30. September. Linke setzte das Ziel, die Arbeiten am Tor bis zum 26. September 1990 abzuschließen und das Gerüst abzubauen.

Zweifellos kam der solchermaßen entstandene Termindruck der Qualität der denkmalpflegerischen Arbeiten am Tor nicht zugute und behinderte letztendlich den zügigen Fortgang durch unsachgemäße Eingriffe in den Bauablauf. Damit war jedoch – unbeabsichtigt – die Voraussetzung dafür geschaffen worden, daß, nachdem die letztgewählte Volkskammer den Beitritt zum Gebiet der Bundesrepublik Deutschland für den 3. Oktober 1990 beschlossen hatte, das Tor an diesem denkwürdigen Tag in gerüstloser Freiheit dastehen konnte.

Abb. 61: Die restaurierte Quadriga auf dem restaurierten Brandenburger Tor im Winter 1993

Die Organisation der Feierlichkeiten fand jedoch nicht in Abstimmung mit der Denkmalpflege oder der Bauleitung statt, und so wurde das Tor ‚vereinnahmt‘, ohne daß für seinen Schutz gesorgt wurde. Nicht einmal polizeiliche Präsenz war vorgesehen und die vorübergehende Einhausung der empfindlichen Sandsteinsäulen wurde als zu teuer verworfen. In letzter Sekunde – zwei Tage vor der erzwungenen Unterbrechung der Arbeiten – gelang es, die Bauverwaltung von einem Vorschlag des Restaurators Schubert zu überzeugen, wenigstens einen Anti-Graffiti-Anstrich zu genehmigen – und zu bezahlen. *Ares* und *Athena* wurden ‚verbunkert‘ und die Torhäuser bis unter die Decke verbarrikadiert.

Erstaunlicherweise verliefen die Einigungsfeierlichkeiten ohne besondere Kalamität, besonders was das Brandenburger Tor anging. Die Politiker hatten Vernunft walten lassen und die Betonung auf eine schlichte Zeremonie vor dem Reichstag gelegt. Dort, nach kurzen Ansprachen und einer schlichten Flaggenhissung um Mitternacht, gingen die Menschen fröhlich auseinander, viele wählten den Weg durch das Brandenburger Tor. Das Tor war im Einigungsgetümmel noch einmal heil davongekommen.

Am 21. Dezember 1990 wurde die Restaurierung des Torbaues im wesentlichen abgeschlossen. Als der Bauzaun fiel, präsentierte sich den Berlinern und ihren Weihnachtsgästen das Brandenburger Tor, wie sie es letztmalig im Sommer 1958 gesehen hatten: In Schönheit erstrahlend, das Alter nicht verbergend und der Bekrönung harrend. Daß die Räume in den Torhäusern nicht gänzlich fertiggestellt waren sowie Putz und Sandsteinverkleidung in den Durchfahrten erst nach dem Winterfrost folgen würden, beeinträchtigte nicht die Freude an dieser ‚Weihnachtsgabe‘. Wie die Berliner damit umgehen würden, sollte sich zu Silvester zeigen.

War es die unübersehbare Besinnlichkeit und Nachdenklichkeit des Silvester '90 oder hatten Berliner und Gäste wieder ein angemessenes Verhältnis zu ihrem Tor? Ein paar eingeschlagene Torhausfenster, Knallkörperspuren an den Decken der Säulenhallen und – von wenigen Unverbesserlichen – unerhebliche Farbbeutelwürfe.

Die Einigung Berlins hatte aber nicht nur vorübergehend die substantielle Gefährdung des Tores heraufbeschworen – der ideelle Ge- und Mißbrauch griff um sich. Als Signet ziert das ,Tor des Friedens' mittlerweile Sektflaschen, das Plakat einer Oldtimer-Ausstellung in verfälschend retuschierter Fassung, Annoncen von Banken, Versicherungen, Tourismusunternehmen, einer Mitwohnzentrale und einer Hotelakademie, daneben auch Wahlbroschüren von CDU und SPD. Als Modell in Zucker war es ein ,Gag' der Ausstellung *Aller Hand '90* in den Messehallen im November und als Kleid – in mehreren Varianten – der ,Knüller' auf dem Presseball '91. Neueste Kreation ist sicher das *3D-Tor-Puzzle* von Ravensburger.

8. Alltag am Tor – Denkmal in Deutschlands Hauptstadt

Pariser Platz – Die Wiedergeburt

Ein wesentlicher Beitrag auch zur Wiederbelebung des Pariser Platzes war die Wiederherstellung der traditionellen Verkehrsverbindungen – und die Schaffung neuer. Außer den in den Jahren immer wieder wechselnden fragwürdigen, da durch das Tor führenden Buslinien erreicht der öffentliche Nahverkehr den Pariser Platz nur mit der Nord-Süd-S-Bahn. Gegen Ende des Krieges begann ein Kapitel bewegter Geschichte dieser 1936 in Betrieb gegangenen Strecke. Nach der Sprengung des Tunnels unter dem Landwehrkanal wahrscheinlich durch deutsche Truppen am 2. Mai 1945 wurde er bis zum geschlossenen Schott unter der Ebertbrücke geflutet. Die Zahl der Opfer, die vor den Bomben in den Tunnel geflüchtet waren, ist unbekannt. Nach komplizierten Baumaßnahmen konnte der Tunnel erst am 16. November 1947 wieder in Betrieb genommen werden. Nach dem Mauerbau wurden bis auf den Umsteigebahnhof Friedrichstraße alle Ostberliner U- und S-Bahnhöfe der Westberliner Linien geschlossen und konnten von diesen bis zur Wende nur ohne Halt durchfahren werden – als schwachbeleuchtete, nur mit wenigen Grenzsoldaten bevölkerte ‚Geisterbahnhöfe' eine gruselige Touristenattraktion der besonderen Art. Nach deren Wiedereröffnung zwischen Juli und September 1990 folgte von April 1991 bis Frühjahr 1992 die umfassende Rekonstruktion der Strecke.

Fast ein Jahrzehnt nach Öffnung des Tores ist die Verkehrssituation um den Pariser Platz weiterhin ungeklärt. Da es für die östliche Innenstadt kein verbindliches Verkehrskonzept gibt und das neue Regierungsviertel besondere Anforderungen stellt, sind wechselnde Öffnungen des Tores mit Gelassenheit zu sehen – noch ist nichts endgültig entschieden, auch nicht die das Tor bedrohende Öffnung für den Straßenverkehr. Nach den üblichen Plänen zur Freilegung hatte beispielsweise der Verkehrssenator Herwig Haase Anfang Oktober 1991 als ‚schonende Variante' einen weit gefaßten Kreisverkehr um den Platz und – mit Durchfahrten in den Häusern Pariser Platz 1 und 7 – um das Tor kreiert. Einer Unterfahrung des Tores mit einer neuen – geplanten und beschlossenen – U-Bahn stehen derzeit noch existenzielle finanzielle Probleme und fehlende Akzeptanz in der Fachwelt und in der Öffentlichkeit entgegen.

Nach der Wiedervereinigung der Stadt setzte ein langwieriger planerischer Prozeß zur Annäherung an den historischen Ort ein. Um Rücksicht auf das Tor kam niemand herum, trotzdem stand auch jetzt eine Freilegung erneut zur Debatte. Das als ‚Kritische Rekonstruktion' bekannt gewordene und auf der Basis eines Gutachtens von Bernhard Strecker und Dieter Hoffmann-Axthelm sowie der ‚Planungsgruppe Urbane Baukunst' am 26. August 1991 vorgestellte Konzept bildete die Grundlage für das Gestaltgutachten von Bruno Flierl und Walter Rolfes im September 1993. Seitens des Senats begründete Engelbert Lütke-Daldrup die Reglementierung als Folge des Niedergangs der Baukultur in Berlin: „Diese Zielsetzung ... kann ohne Regulative nicht verwirklicht werden. Im Unterschied zu früheren Epochen, als es noch einen kulturellen Konsens und damit eine wirksame gesellschaftliche Konvention des Bauens gab, stellt sich heute ein solcher Konsens nicht mehr von selbst ein."[141]

Am 31. Oktober 1992 beschloß die Senatsverwaltung für Bau- und Wohnungswesen die Aufstellung des *Bebauungsplans I-200 ‚Pariser Platz'* für das Areal zwischen Reichstagsufer, Wilhelm-, Behren- und Ebertstraße bis Dezember 1993. „Es geht" – so wurde verlautbart – „nicht um die Rekonstruktion der verlorenen Gebäude, sondern um die Rekonstruktion des verlorenen Platzraumes."[142] Die nachfolgend einsetzende konkrete Bebauungsplanung nahm trotz – oder wegen der so nicht notwendigen? – Reglementierung am Platz einen konfusen Verlauf. Historische Gestaltungsrelikte mit der geforderten modernen Architektursprache zu vereinen, mußte auch zu unbefriedigenden Kompromissen führen. Ausgerechnet der Bausenator durchbrach 1995 mit seiner vorgezogenen Genehmigung der alle Vorgaben mißachtenden Glasfassade der neuen Akademie der Künste die selbstgesetzten Barrieren. Die ursprünglich angestrebte Verewigung der Freistellung des Tores als ‚Symbolzuwachs' wurde schließlich ebenso aufgegeben wie die strenge Zonierung der Fassaden mit Sockel, dreigeschossiger Mittelzone und Attika. Das Verhältnis der Stein- zu den Glasflächen in den Fassaden wandelte sich von 7:3 zu 5:5. Von Bestand und entscheidender Bedeutung für die Platzgestalt aber waren die historische Parzellenstruktur und die Unverletzlichkeit der Bauflucht, die vorgegebene Symmetrie der Fassaden und der Bezug aller Proportionen zum Brandenburger Tor. Daß Frankreich deutlich abwartend an den Entwurf seiner Botschaft ging, war dieser Entwicklung geschuldet. Daß die gestalterische Modernität und der architektonische Einfallsreichtum sich nunmehr statt in der Platzgestalt im Inneren und in den Lichthöfen darbieten, ist eine Folge dieses Reglements.

Im Vorfeld des zehnjährigen Wende-Jubiläums stellt sich der Pariser Platz schon als geschlossenes Ensemble vor, zumal die noch vorhandenen Brachen bereits verbindlich beplant sind. Als erster Schritt wurde die gärtnerische Gestalt des Platzes nach der Fassung von 1880 rekonstruiert und mit der Inbe-

triebnahme der beiden Springbrunnen am 17. Dezember 1992 eingeweiht. Die Fontänen sprudeln computergesteuert in Abhängigkeit vom Wind maximal 7 Meter – einst waren es 12 Meter – hoch, bei Windstärke 8 schalten sie ab.

Beiderseits des Brandenburger Tores sind nach Entwürfen von Josef Paul Kleihues Adaptionen der Vorgängerbauten Haus Sommer (Nr. 1; Rheinische Hypothekenbank und Commerzbank) und Haus Liebermann (Nr. 7; Büro-, Konferenz- und Ausstellungszentrum), identische viergeschossige Putzbauten unter Flachdach, entstanden. Als Vereinfachung und gewissermaßen Vergröberung der Stüler-Bauten von 1844–47 vermied der umstrittene Entwurf jede weitere Anlehnung an deren feingliedrigen Palazzo-Stil. Mit der Wiederholung der Kubatur der zerstörten Anschlußbebauung wurden aber die historischen Proportionen der westlichen Platzfassade mit dem Tor wiederhergestellt.

Südlich schließt auf historischem Grund (Nr. 2) wieder die Botschaft der USA an, für die das Büro Moore, Ruble und Yudell im Mai 1996 den Wettbewerb gewann. Die viergeschossige konventionelle Platzfassade mit dem offiziellen Haupteingang ist in den drei Obergeschossen zu einer Rotunde geöffnet, der Besuchereingang liegt an der mit einer zweigeschossigen offenen Säulenhalle effektvoller gestalteten fünfgeschossige Ecke Ebert-/Behrenstraße. Die Verschiebung des Baubeginns bis in das Jahr 1999 war sowohl Finanzierungs- als auch Sicherheitsproblemen – dem mangelnden Abstand zur Straße und zum Tor – geschuldet. Daneben entsteht nach Frank O. Gehrys Wettbewerbsentwurf von 1995 das Haus der DG-Bank (Nr. 3; ehem. ‚Palais von Rohdich‘), ein multifunktionales Bürohaus mit internationalem Konferenzzentrum und einem Wohnbereich an der Behrenstraße. Obgleich mit der nüchternen, den Vorgaben folgenden fünfgeschossigen Lochfassade kaum ein Blickfang, verspricht der Entwurf des bis zur verlängerten Behrenstraße auf neun Geschosse ansteigenden Baus mit seinem einer abstrakten Skulptur ähnelnden Atrium doch Modernität.

Die größten Irritationen verursachte der Entwurf für die Akademie der Künste (Nr. 4) von Günter Behnisch. Unter Mißachtung der Vorgaben war die eigenwillige viergeschossige Glasfassade genehmigt worden, was zu in Berlin unumgänglichen politischen Querelen und dadurch erzwungenen Entwurfsmodifikationen führte. Auch danach fällt dieser Bau buchstäblich aus dem Rahmen. Das kann auch der blumig formulierte Erläuterungsbericht nicht kaschieren. „Anstelle der Wandscheibe als Lochfassade steht in der vorderen Ebene eine filigrane Gitterstruktur, die durch ihre Elemente vertikal und horizontal an die Proportionen des Altbaus erinnert. Mit leichtem Abstand ist dahinter eine transparente Haut aufgespannt, in der die subtile Schichtung und Durchdringung von Materialien und Funktionen ... Motive des Altbaus ... aufnehmen."[143] Vielleicht die einzige zeitgemäße Fassade am Platz?

Einen weiteren umstrittenen Versuch historisierender Gestaltung stellt das neue 346-Zimmer-Hotel Adlon dar. Errichtet wurde der sechsgeschossige Bau in den Jahren 1995–97 nach einem Auftragsentwurf von Rüdiger Patzschke und Rainer-Michael Klotz auf dem alten Standort unter Hinzunahme der nach der Verbreiterung der Wilhelmstraße verbliebenen Restfläche des Eck-Grundstücks Nr. 77. „Es soll dennoch sichtbar gemacht werden, daß es sich um ein Gebäude im ausgehenden 20. Jahrhundert handelt ... Die Berücksichtigung der Tradition zieht sich bis in das Innere des Gebäudes ..., so daß kein Widerspruch zwischen Innenarchitektur und Gestaltung der Fassade besteht." – So Mitautor Klotz im November 1995.[144] Wie bei den beiden Kleihues-Bauten blieb die vergröbernde Variation der historischen Fassade aber in der gestalterischen Qualität hinter dem Original zurück. Die – verpönte – Wiederholung der historischen Fassade wäre wohl kaum strittiger ausgefallen.

Gegenüber auf der Nordseite der Linden wird anstelle des kriegszerstörten IG-Farben-Baus auf der Ostseite (Nr. 78) an der Wilhelmstraße das Wohn- und Geschäftshaus Merkur (Dresdner Bank) mit einer Erdgeschoß-Ladenzone nach dem Wettbewerbsentwurf (1996) von Hans Kollhoff entstehen. „Ein selbstverständlich städtisches Haus, von einer Feinheit, die den Linden einmal eigen war..." umschrieb Kollhoff seinen Entwurf.[145] Die feingliedrige Fassade des sechsgeschossigen Baus ohne historisierende Attribute, aber mit Attikageschoß wie beim Vorgängerbau, käme direkt am Platz besser zur Geltung.

Den Wettbewerb für das platzbegrenzende Nachbargebäude Unter den Linden 78 gewannen im Oktober 1996 Ortner & Ortner, d.h. die Brüder Laurids und Manfred. „Es war wichtig, ein richtiges Pendant zum Hotel Adlon zu finden, das trotzdem eine eigenständige städtebauliche Entsprechung hat", begründete Senatsbaudirektorin Barbara Jakubeit die Jury-Entscheidung für das relativ streng gestaltete siebengeschossige Gebäude.[146]

Abb. 63: Blick auf den neu entstehenden Pariser Platz – rechts oben im Bild das Hotel Adlon, 1999

Als letzter Wettbewerb am Platz wurde der um die Französische Botschaft Pariser Platz 5 entschieden. Ihn gewann 1997 Christian de Portzamparc, wie alle in- und ausländischen Architekten der Platzumbauung schon mit anderen Werken in Berlin präsent. Die Fassade zum Platz nimmt konsequent die historischen Proportionen auf, so daß der Neubau durchaus als Reminiszenz an das alte Palais zu verstehen ist. Besonders interessant ist aber die Baukörperanordnung auf dem beengten Grundstück einschließlich der Gestaltung des repräsentativen Innenhofes.

Die fünfgeschossige Dresdner Bank (Nr. 5a/6) von Meinhard von Gerkan, 1995 nach einem ‚Stechen‘ mit Bernhard Winking Wettbewerbssieger, folgt der geforderten äußerlichen Einfachheit und der ursprünglich vorgegebenen Fassadenzonierung. Wie bei anderen Entwürfen auch entwickelt sich die Attraktivität der Gestaltung im Inneren, hier mit einem überkuppelten Lichthof. Noch kurz vor Baubeginn im Sommer 1996 wurde die Fassade überarbeitet und erhielt eine größere Plastizität.

Das Bürohaus der Hanseatic (Nr. 6a) von Bernhard Winking ist für die Platzgestalt aufgrund seiner schmalen Front nur von sekundärer Bedeutung. Die sechsgeschossige Hauptfront zur Ebertstr. 23–25 ist vorschriftsmäßig einfach, optisch durch die zweigeschossige Eingangszone beherrscht, die – auch hier – in den Innenhof führt. Als historische Reminiszenz in Anlehnung an Stülers Vorgängerbau kehrt der städtebaulich wichtige – fälschlich ‚Liebermann-Turm‘ genannte – Gebäudesprung wieder.

Wenn auch die behutsame Sprengung eines auf dem Grundstück Nr. 3 gefundenen Luftschutzbunkers am 3./4. Februar 1997 die Diskussion um die latenten Gefährdungen des Tores wieder anheizte, geht die wirkliche Gefährdung von anderen Ursachen aus, die im langsam unübersichtlichen Wechsel von Sperrung und Öffnung des Tores für dem Straßenverkehr verschleiert werden. Eine entsprechende Chronologie würde Seiten füllen. Die entgegen der üblichen publikumswirksamen und -beruhigenden Verkündigungen durch Tiefenuntersuchungen 1994/95 nachgewiesenen potentiellen Standsicherheitsgefährdungen sowie die Beschleunigung der Sandsteinschädigungen durch die aggressiven Auto-Abgase spielen in den Verkehrsplanungen des Senats und der wegen der Nähe des Regierungs- und Parlamentsviertels ebenfalls involvierten Bundesregierung offenbar bisher keine zu positiven Entscheidungen führende Rolle.[147] Da die allerletzten Entscheidungen sicher erst mit dem definitiven Umzug des Bundeskanzlers nach Berlin fallen werden, dürfte sich das Tor endlich zur großen Milleniumsfeier am 31. Dezember 1999 in seiner endgültigen Situation befinden.

Das Tor im dritten Jahrtausend

Seit der Wiedereinweihung des Brandenburger Tores am 6. August 1991 – am 200. Jahrestag seiner lautlosen Übergabe – hat das Tor zwar seine Stellung als ein Symbol des neuen Deutschland behauptet, aber in dieser kurzen Zeit kaum geschichtsträchtige Ereignisse erlebt. Abgesehen von den Querelen um die Bebauung des Pariser Platzes und die ständige Diskussion über die Verkehrslösung auf und um den Platz erfuhr das Leben auch hier seine notwendige Normalisierung.

Normal für Berlin war sicher auch die recht plötzlich mitten im Wahlkampf für das Abgeordnetenhaus 1995 aufflammende Diskussion um eine Straßenbenennung. Diesmal ging es um Willy Brandt, durch sein ostpolitisches Engagement einer der Wegbereiter der Wiedervereinigung. Nach dem Ablauf der in Berlin obligaten Einhaltung einer Fünfjahresfrist nach dem Tode eines zu Ehrenden im Jahre 1997 kam sofort der ‚Platz vor dem Brandenburger Tor‘ – bis zur Wiedervereinigung noch als Hindenburgplatz ausgeschildert – für eine Umbenennung in Willy-Brandt-Platz in die engere Wahl. Eine Adresse allerdings ohne Postanschrift! Erst im Frühjahr 1998 einigten sich Senat, Bezirk und Bundesregierung über die Benennung einer neu angelegten Straße am damals noch im Bau befindlichen Bundeskanzleramt in ‚Willy-Brandt-Straße‘ mit dem Bundeskanzleramt als Nr. 1.

Konnte sich der Chronist vergangener Zeiten in Jahren der Flaute um das Tor auf die Schilderung der Staatsbesuche zurückziehen, so ist ihm nach der Wiedereröffnung des Tores solche Möglichkeit genommen – dieses Thema würde eine eigene Publikation füllen. Zu nennen wäre – gewissermaßen als Highlight – der Besuch des amerikanischen Präsidenten Bill Clinton am 12. Juli 1994, der damit auch eine von John F. Kennedy begründete Tradition fortsetzte. Auch weniger spektakuläre Traditionen haben sich in der ‚Neuzeit des Tores‘ begründet. Hätte nach der – aufgrund ihrer fatalen Folgen doch fast zweifelhaften – Silvesterfeier 1989 jemand geglaubt, daß der Jahreswechsel am Tor zu den Attraktionen des wiedervereinigten Berlin gehören würde? Seit 1990 kommt die Weihnachtstanne auf dem Pariser Platz per Schiff und LKW aus dem kleinen norwegischen Frogn südlich von Oslo. Bislang ist – seit 50 Jahren – nur London dieser Ehre teilhaftig geworden. Am Vorabend der Milleniumsfeier 1999 wird es nun bereits der zehnte Baum sein.

Ein Ort solcher Feiern – läßt er das Brandenburger Tor nicht endgültig in seine ursprüngliche Rolle als ‚Tor des Friedens‘ finden?

Zitat- und Quellennachweis

1. Arenhövel/Bothe 1991.
2. Siefart 1912.
3. Hinrichs 1909.
4. Vgl. Fidicin 1876, S. 17.
5. Vgl. Ebd. S. 69f.
6. Dyck 1981, S. 53.
7. Nicolai 1786, S. 964f.
8. Vgl. Goralczyk 1987, S. 44.
9. N.N.: *Eine Kabinets-Ordre König Friedrich Wilhelms I.* In: *Der Bär – Illustrirte Berliner Wochenschrift.* Berlin 1875, S. 70f.
10. Zit. bei Kieling 1987, S. 69.
11. Vgl. Kieling 1996, S. 17.
12. Zit. bei Geiger 1988 (Reprint), S. 77.
13. Zit. bei Bauch 1966, S. 44.
14. Zit. bei Siedler, Wolf Jobst: *Zwischen Rokoko und Klassizismus – Friedrich Wilhelm. II., ein Herrscher des Nicht-mehr und des Noch-nicht.* In Katalog: *Friedrich Wilhelm II. und die Künste.* 1997, S. 17.
15. Zit. bei Velin 1983, S. 11.
16. Zit. ebd. S. 26.
17. Hinrichs 1909.
18. Zit. bei Katalog *Heinrich Hübsch* 1983.
19. Zit. bei Ribbe/Schäche 1987, S. 119.
20. Borrmann 1893, S. 151.
21. Sitte 1909, S. 12.
22. Reimann 1954, S. 42f.
23. Schubert 1954, S. 282.
24. Ebd.
25. Reimann 1954, S. 43.
26. Schönemann 1997, S. 101.
27. Z.t. bei Siefart 1912, S. 10.
28. Z.t. bei Danke 1966, S. 104.
29. Z.t. bei Siefart 1912, S. 11.
30. Z.t. bei Ebd.
31. Schadow 1849, S. 34f.
32. Hofmann 1906, S. 726.
33. Schadow 1849, S. 27.
34. Peter Wallé (P.W.) 1888, S. 459.
35. Zit. bei Siefart 1912, S. 12.
36. Ebd. S. 14.
37. Vgl. Ebd.
38. Zit. bei Ebd. S. 30.

39. Zit. bei Ebd. S. 22.
40. Zit. bei Ebd. S. 37.
41. Zit. bei Ebd.
42. Zit. bei Ebd. S. 38.
43. Zit. bei Ebd.
44. Zit. bei Ulferts, Gert-Dieter: *Friede nach siegreichem Krieg. Das Bildprogramm – Skulpturen und Malereien.* In: Arenhövel, Willmuth/Bothe 1991, S. 131.
45. Zit. bei Ribbe/Schäche 1987, S. 119.
46. Ulferts, Gert-Dieter: *Friede nach siegreichem Krieg. Das Bildprogramm – Skulpturen und Malereien.* In: Arenhövel, Willmuth/Bothe 1991, S. 109.
47. Schadow 1849, S. 27.
48. Vgl. Siedler, Wolf Jobst: *Zwischen Rokoko und Klassizismus – Friedrich Wilhelm II., ein Herrscher des Nicht-mehr und des Noch-nicht.* In Katalog: *Friedrich Wilhelm II.* und die Künste 1997, S. 15.
49. Zit. bei R.T. 1888, S. 370.
50. Vgl. Siefart 1912, S. 15.
51. Wescher 1976, S. 56.
52. Treue 1957.
53. Schadow 1849, S. 482.
54. Ebd. S. 74.
55. Ebd.
56. Archive national de France. Maison de l'Empereur. Quadrige, *Brief vom 29. 10. 1807.*
57. Heine: *Reisebriefe und Reisebilder*, 1981, S. 118f.
58. Zit. bei Siefart 1912, S. 92.
59. Inschriften 1814.
60. Zit. bei Katalog: *Die Quadriga auf dem Brandenburger Tor in Berlin*, 1982, S. 53.
61. Zit. bei Siefart 1912, S. 94.
62. Inschriften 1814.
63. Geheimes Staatsarchiv Preußischer Kulturbesitz (GStPK): *Akten des preußischen Finanzministeriums*, Rep. 93 B, Band 3024, S. 72ff.
64. Ebd.
65. Ebd.
66. Ebd.
67. Ebd.
68. Ebd.
69. Zedlitz 1834, S. 103.
70. Zit. bei Nungesser 1987, S. 29.
71. Zit. bei Ebd.
72. Zit. bei Ebd. S. 30.
73. Zit. bei Katalog: *Die Quadriga auf dem Brandenburger Tor in Berlin*, 1982, S. 54f.
74. Freundliche Mitteilung von Dr. R. Zimmermann, Dresden.
75. Zit. bei Granier 1915.
76. Zit. bei Olfers 1908, S. 200.
77. Archive national de France. Ministere de la Maison de Roi. *Brief an Gf. de Pradel vom 20. 05. 1818.*
78. Fidicin 1876, S. 94.
79. Wolff 1851, S. 187.
80. Ebd. S. 261f.
81. Zit. bei Katalog: *Karl Friedrich Schinkel* 1981, S. 112.
82. Vogt 1885, S. 88.
83. Demps 1995, S. 57.
84. Zit. bei Demps, Laurenz: *Zur Baugeschichte des Tores.* In: Arenhövel/Bothe 1991, S. 54.
85. *Deutsche Bauzeitung*, 1867, S. 274.

86. Ebd.
87. Krecker um 1938. *Feststellung des Regierungs- und Baurat Krecker über die Umgestaltung des Brandenburger Tores im Jahre 1868.* Berlin um 1938. Abschrift als Beilage zu Siefart 1912 in der Ratsbibliothek Berlin. Auszugsweise zit. auch bei Demps Baugeschichte. In: Arenhövel/Bothe 1991.
88. Kürschner o.J. (um 1896), Sp. 1271.
89. Herre 1980, S. 509.
90. Zit. bei Cullen 1983, S. 109.
91. Oehme 1958, S. 98.
92. *Berliner Lokalanzeiger* vom 24. 10. 1926.
93. Francois-Poncet, André: *Als Botschafter in Berlin.* o.O. 1949. Zit. bei: Holmsten 1990, S. 350f.
94. *Deutsche Allgemeine Zeitung* vom 12. 05. 1933.
95. Reichardt/Schäche 1998, S. 53.
96. Speer 1969, S. 169.
97. Studnitz 1963, S. 95.
98. Vgl. Demps *Zur Baugeschichte des Tores.* In: Arenhövel/Bothe 1991, S. 64. Ders.: *Das Brandenburger Tor* 1991, S. 163.
99. Günther Dunsbach: *Erinnerungsbericht.* In: von zur Mühlen 1994, S. 367.
100. Ebd. S. 368.
101. Magistrat von Berlin, Abt. Kultur: Aktenbestand und Zeitungsausschnittsammlung *Brandenburger Tor* incl. *Pariser Platz* der damaligen Dokumentationsstelle Denkmalpflege beim Märkischen Museum. In den Kapiteln zur Nachkriegsgeschichte von 1946 bis 1990 zitierte Zeitungsmeldungen und Magistrats-Dokumente werden fast ausschließlich aus o.g. Bestand wiedergegeben, in dem die Quelle von Zeitungsauschnitten gelegentlich ungenau unzureichend bezeichnet war.
102. Vgl. Scherpe 1982, S. 350ff.
103. Zit. bei Scheel 1985, S. 186.
104. Ohff 1967, ohne Paginierung.
105. Ebd.
106. Hanstein 1947, S. 7.
107. Magistrat von Berlin, Abt. Kultur: Aktenbestand und Zeitungsausschnittsammlung *Brandenburger Tor.*
108. Ebd.
109. Ebd.
110. Ebd.
111. Ebd.
112. Ebd.
113. Ebd.
114. *Tägliche Rundschau* vom 10. 05. 1950.
115. Amt Museen und Sammlungen des Magistrats, *Schreiben vom 23. August 1950.*
116. Magistrat von Berlin, Abt. Kultur: Aktenbestand und Zeitungsausschnittsammlung *Brandenburger Tor.*
117. Peters 1995, S. 319.
118. Magistrat von Berlin, Abt. Kultur: Aktenbestand und Zeitungsausschnittsammlung *Brandenburger Tor.*
119. Ebd.
120. Holmsten 1990, S. 428.
121. Ebd.
122. Magistrat von Berlin, Abt. Kultur: Aktenbestand und Zeitungsausschnittsammlung *Brandenburger Tor.*
123. *Berliner Zeitung* vom 9. und 12. 09. 1958.
124. Ebd.

125. *Berliner Zeitung* vom 16. 09. 1958.

126. *Berliner Zeitung* vom 21. 09. 1958.

127. Magistrat von Berlin, Abt. Kultur: Aktenbestand und Zeitungsausschnittsammlung *Brandenburger Tor*.

128. Zit. bei Forschungsinstitut der deutschen Gesellschaft für Auswärtige Politik 1962, S. 418f.

129. Zit. bei Mehls 1990, S. 20.

130. Zit. bei Ebd. S. 28.

131. Magistrat von Berlin, Abt. Kultur: Aktenbestand und Zeitungsausschnittsammlung *Brandenburger Tor*.

132. Zit. bei Harenberg 1991, S. 578.

133. Magistrat von Berlin, Abt. Kultur: Aktenbestand und Zeitungsausschnittsammlung *Brandenburger Tor*.

134. *Neues Deutschland* vom 10. 11. 1989.

135. Magistrat von Berlin, Abt. Kultur: Aktenbestand und Zeitungsausschnittsammlung *Brandenburger Tor*.

136. *Neues Deutschland* vom 23./24. 12. 1989.

137. Magistrat von Berlin, Abt. Kultur: Aktenbestand und Zeitungsausschnittsammlung *Brandenburger Tor*.

138. Schubert 1990.

139. Schubert, Thomas: *Die Restaurierung 1990/91. Eine Dokumentation.* In: Arenhövel, Willmuth/Bothe 1991, S. 166.

140. Heese, Christa: *Probleme der Farbgebung.* In: Arenhövel/Bothe 1991, S. 187.

141. *Foyer. Magazin der Senatsverwaltung für Bauen, Wohnen und Verkehr.* Heft IV/1993, S. 47.

142. Ebd.

143. Achatzki Architekten BDA: *Ausschreibung Beschränkter Realisierungswettbewerb Geschäft- und Wohngebäude am Pariser Platz/Unter den Linden 80.* Berlin, Juni 1996, S. 30.

144. Ebd.

145. *Foyer. Magazin der Senatsverwaltung für Bauen, Wohnen und Verkehr.* Heft II/1996, S. 42.

146. *Berliner Morgenpost* vom 17. 10. 1996.

147. Vgl. *Der Tagesspiegel* vom 22. 02. 1995.

Literatur

Achatzki Architekten BDA. Ausschreibung Beschränkter Realisierungswettbewerb Geschäft- und Wohngebäude am Pariser Platz/Unter den Linden 80. Berlin, Juni 1996.

Architektenverein zu Berlin (Hrsg.): Berlin und seine Bauten. Berlin 1877.

Architektenverein zu Berlin/Vereinigung Berliner Architekten (Hrsg.): Berlin und seine Bauten 2 Bde. Berlin 1896.

Arenhövel, Willmuth/Bothe, Rolf (Hrsg.): Das Brandenburger Tor 1791–1991. Eine Monographie. Begleitbuch zur Ausstellung. Berlin 1991.

Bauch, Kurt: Das Brandenburger Tor. Köln 1966.

Bien, Helmut M.: Berlin – Brandenburger Tor. Torheiten, Tortur und Torso. In Katalog: Die Reise nach Berlin. Ausstellung im Hamburger Bahnhof Berlin. S. 272–285. Berlin 1987.

Biver, Marie-Louise. Pierre Fontaine – Premier Architecte de l'Empereur. Paris o.J. (um 1970).

Bloch, Peter/Grzimek, Waldemar: Das Klassische Berlin. Berlin 1978.

Boetticher, Adolf: Die Akropolis von Athen nach den Berichten der Alten und den neuesten Erforschungen. Berlin 1888.

Borrmann, Richard: Die Bau- und Kunstdenkmäler von Berlin. Berlin 1893.

–: Langhans und die Anfänge des Klassizismus. In: ZfB, 1925, S. 51–62.

–/Neuwirth, Joseph: Geschichte der Baukunst. Bd. I – Die Baukunst des Altertums und des Islam im Mittelalter. Leipzig 1904.

Büttner, Horst: Das Brandenburger Tor in Berlin. In: Berliner Heimat. H 1/1958. S. 22–28.

Chronik der Firma Ferd. Thielemann 1801–1976. Berlin 1976.

Cullen, Michael S.: Der Reichstag. Die Geschichte eines Monumentes. Berlin 1983.

Danke, Rudolf: In diesem Hause wohnte Max Liebermann. Die Häuser Pariser Platz 1 und 2. In: Der Bär von Berlin. 15. Jg., Berlin 1966. S. 99–132.

Demmin, August: Handbuch der Bildenden & Gewerblichen Künste. I. Bd. Leipzig 1877/78.

Demps, Laurenz: Das Brandenburger Tor. Berlin 1991.

–: Der Pariser Platz. Der Empfangssalon Berlins. Berlin 1995.

Dokumente zur Berlin-Frage 1944–1962. Hrsg. vom Forschungsinstitut der deutschen Gesellschaft für Auswärtige Politik e.V. Bonn/München 1962.

Mühlen, Bengt von zur (Hrsg.): Der Todeskampf der Reichshauptstadt. S. 366–369. Berlin/Kleinmachnow 1994.

Dyck, Joachim: Minna von Barnhelm oder: Die Kosten des Glücks. Komödie von Gotthold Ephraim Lessing. Über Wirte als Spitzel, preußische Disziplin, Lessing im Kriege, frisches Geld und das begeisterte Publikum. Berlin 1981.

Fidicin, Ernst: Die Wappen und Farben der Stadt Berlin. Teil VII–VIII. In: Der Bär – Illustrirte Berliner Wochenschrift. S. 17, S. 69f.. Berlin 1876.

Förster, Gerhard/Hoch, Peter/Müller, Reinhold: Uniformen europäischer Armeen. Berlin 1978.

Geiger, Ludwig: Geschichte der Juden in Berlin. 1871–1890. Reprint 1988.

Geist, Johann Friedrich/Kürvers, Klaus: Das Berliner Mietshaus 1945–1989. München 1989.

Goralczyk, Peter: Eine Kabinets-Ordre König Friedrich Wilhelms I. In: Der Bär - Illustrirte Berliner Wochenschrift. Berlin 1875.

– : Der Platz der Akademie in Berlin. Berlin 1987.

Granier, Hermann: Die Franzosen in Berlin 1806–1808. In: Hohenzollern-Jahrbuch 1905. S. 1–43. Berlin/Leipzig 1905.

– (Hrsg.): Hohenzollernbriefe aus den Freiheitskriegen 1813–1815. Leipzig 1915.

Grundmann, Günter: Carl Gotthard Langhans. In: ZdB, 1939, S. 669–679.

Hanstein, Wolfram von: Von Luther bis Hitler. Ein wichtiger Abriß deutscher Geschichte. Dresden 1947.

Harenberg, Bodo (Hrsg.): Die Chronik Berlins. Dortmund 1986.

Hässlin, Jakob (Hrsg.): Berlin. München 1955.

Hegemann, Werner: Das steinerne Berlin. Geschichte der größten Mietskasernenstadt der Welt. Berlin 1930.

Heine, Heinrich: Reisebriefe und Reisebilder. Berlin 1981.

Herre, Franz: Kaiser Wilhelm I. Berlin 1980.

Hinrichs, Walter Th.: Carl Gotthard Langhans. Ein schlesischer Baumeister 1733–1808. Straßburg 1909.

Hofmann, Albert: Entwerfen, Anlage und Einrichtung der Gebäude. Handbuch der Architektur, Teil IV, 8. Halbband, Heft 2b, II (Denkmäler mit architektonischem oder vorwiegend architektonischem Grundgedanken). Stuttgart 1906.

Holmsten, Georg: Die Berlin-Chronik. Daten – Personen – Dokumente. Düsseldorf 1990.

– (Hrsg.): Berlin in alten und neuen Reisebeschreibungen. Düsseldorf 1998.

Hörster-Philipps, Ulrike: Großkapital und Faschismus 1918–1945. Dokumente. Köln 1981.

Inschriften am Denkmal des Sieges, das Friedrich Wilhelm III. aus Paris, wo es 6 Jahre verborgen stand, nach Berlin auf seinen alten Standort zurückgesendet. Berlin 1814.

Katalog: Berlin und die Antike. Ausstellung im Schloß Charlottenburg Berlin. Berlin 1979.

Katalog: Die Quadriga auf dem Brandenburger Tor in Berlin. Vom Entwurf bis zur Wiederherstellung 1958. Ausstellung: Die Pferde von San Marco im Martin-Gropius-Bau Berlin. Berlin 1982.

Katalog: Ethos und Pathos. Die Berliner Bildhauerschule 1786-1914. Ausstellung im Hamburger Bahnhof Berlin. 2 Bde. Berlin 1990.

Katalog: Friedrich II. und die Kunst. Ausstellung der Staatlichen Schlösser und Gärten Potsdam-Sanssouci. Potsdam 1986.

Katalog: Friedrich Wilhelm II. und die Künste. Preußens Weg zum Klassizismus. Ausstellung im Marmorpalais Potsdam und im Schloß Charlottenburg Berlin. Berlin 1997.

Katalog: Heinrich Hübsch. Der große badische Baumeister der Romantik. Ausstellung. Karlsruhe 1983.

Katalog: Kunst in Berlin 1648–1987 . Ausstellung im Alten Museum Berlin. Berlin 1987.

Katalog: Von Berlin nach Germania. Über die Zerstörung der Reichshauptstadt durch Albert Speers Neugestaltungsplanungen. Ausstellung im Landesarchiv Berlin. Berlin 1984.

Keienburg, Ernst/Lindner, Joachim: Wo die Götter wohnen. Johann Gottfried Schadows Weg zur Kunst. Berlin 1974.

Kertbeny, C. von (Carl Maria Benkert): Berlin wie es ist. Berlin 1831. Reprint 1981.

Kieling, Uwe: Architek-Touren II. Friedrichstraße und die neue Berliner Mitte. Berlin 1996.

–: Baumeister und Bauten. Von der Gotik bis zum Historismus. Berlin/Leipzig 1987.

–: Berliner Baubeamte und Staatsarchitekten im 19. Jahrhundert. Biographisches Lexikon. Miniaturen zur Geschichte, Kultur und Denkmalpflege Berlins. Nr. 17. Berlin 1986.

–/Blankenstein, Felix: Hermann Blankenstein – Berliner Stadtbaurat für Hochbau 1872–1896. In: Winkler, Dieter: Beiträge zur Berliner Baugeschichte und Denkmalpflege. S. 14–35. Berlin 1987.

Kindler, Helmut: Berlin Brandenburger Tor – Brennpunkt deutscher Geschichte. München 1956.

Klingenburg, Karl-Heinz (Hrsg.): Studien zur Berliner Kunstgeschichte. S. 122–142. Berlin 1986.

Klingenburg, Karl-Heinz (Hrsg.): Historismus – Aspekte zur Kunst im 19. Jahrhundert. S. 30–49. Leipzig 1985.

Krause, Friedrich: Entwurf für die Herstellung neuer Verkehrswege zur Entlastung stark belasteter Straßen und Plätze in Berlin. Berlin 1908.

Kürschner, Joseph: Der große Krieg 1870–71 in Zeitberichten. Berlin/Eisenach/Leipzig/Chicago o.J. (um 1896).

Lachmann, Rainer: Die Quadriga auf dem Brandenburger Tor insbes. das Einsetzen des Eisernen Kreuzes im Siegeskranz. Aus wiedergefundenem Original-Brief Karl Friedrich Schinkels mit Datum: „Berlin 26ten Mai 1814". In: Der Herold. H. 1/1990. S. 17–20.

Lami, Stanislas: Dictionnaire des Sculpteurs de l'école française au dix-neuvième siècle. Bd. I (A-C). Paris 1914. Bd. III (G-M). Paris 1919. Reprint Nendeln 1970.

Lammel, Gisold (Hrsg.): Johann Gottfried Schadow. Berlin 1987.

Lammert, Marlies: Zu Problemen der klassizistischen Architekturentwicklung. In: Betthausen, Peter (Hrsg.): Studien zur deutschen Kunst und Architektur um 1800. S. 53–78. Dresden 1981.

Lange, Annemarie: Berlin in der Weimarer Republik. Berlin 1987.

–: Berlin zur Zeit Bebels und Bismarcks. Zwischen Reichsgründung und Jahrhundertwende. Berlin 1976.

–: Das Wilhelminische Berlin. Zwischen Jahrhundertwende und Novemberrevolution. Berlin 1967.

Löschburg, Winfried: Unter den Linden. Gesichter und Geschichten einer berühmten Straße. Berlin 1976.

Maaz, Bernhard (Hrsg.): Johann Gottfried Schadow und die Kunst seiner Zeit (Katalog). Ausstellung in Düsseldorf, Nürnberg und Berlin. Köln 1994.

Magistrat von Berlin, Abt. Kultur/Dokumentationsstelle Denkmalpflege beim Märkischen Museum: Aktenbestand und Zeitungsausschnittsammlung ‚Brandenburger Tor' incl. ‚Pariser Platz'.

Martin, Werner: Manufakturbauten im Berliner Raum seit dem ausgehenden 17. Jahrhundert. Berlin 1989.

Materna, Ingo/Demps, Laurenz/Müller-Mertens, Eckhard/Schultz, Helga/Seyer, Heinz: Geschichte Berlins von den Anfängen bis 1945. Berlin 1987.

Mehls, Hartmut: Im Schatten der Mauer. Dokumente. 12. August bis 29. September 1961. Berlin 1990.

Meyer, Ferdinand: Das Brandenburger Thor in Berlin und seine kunstgeschichtliche Bedeutung. Teil II: Die Victoria (Quadriga). In: Der Bär - Illustrirte Berliner Wochenschrift. S. 70–73. Berlin 1885.

Müller, Hans: Die königliche Akademie der Künste zu Berlin 1696–1896. Berlin 1896.

Nicolai, Friedrich: Beschreibung der Königlichen Residenzstädte Berlin und Potsdam, aller daselbst befindlicher Merkwürdigkeiten, und der umliegenden Gegend. Dritte völlig umgearbeitete Auflage. Berlin 1786. Reprint Berlin 1980.

Nungesser, Michael: Das Denkmal auf dem Kreuzberg von Karl Friedrich Schinkel. Berlin 1987.

Oehme, Walter: Damals in der Reichskanzlei. Erinnerungen aus den Jahren 1918/1919. Berlin 1958.

Ohff, Heinz: NOACK – Die Geschichte einer Bildgiesser-Dynastie (Ohne Paginierung). In Katalog: 70 Jahre Bildgießerei Hermann Noack 1897–1967. Berlin 1967.

Olfers, Hedwig von: Ein Lebenslauf. Berlin 1908.

Osborn, Max: Die Zerstörung Berlins. Berlin 1906.

Peters, Günter: Kleine Berliner Baugeschichte. Von der Stadtgründung bis zur Bundeshauptstadt. Berlin 1995.

Reichardt, Hans J./Schäche, Wolfgang: Von Berlin nach Germania. Über die Zerstörungen der 'Reichshauptstadt' durch Albert Speers Neugestaltungsplanungen. Berlin 1998.

–/Drogmann, Joachim/Treutler, Hanns U.: Berlin – Chronik der Jahre 1957–1958. Hrsg. im Auftrag des Senats von Berlin. Berlin 1974.

Reimann, Georg J.: Das Berliner Straßenbild des XVIII. und XIX. Jahrhunderts. Berlin 1954.

Rellstab, Ludwig: Berlin und seine nächsten Umgebungen in malerischen Originalansichten. Historisch-topographisch beschrieben. Darmstadt 1852.

Ribbe, Wolfgang/Schäche, Wolfgang (Hrsg.): Baumeister – Architekten – Stadtplaner. Biographien zur baulichen Entwicklung Berlins mit einem Architektenverzeichnis von Michael S. Cullen. Berlin 1987.

Ribbe, Wolfgang (Hrsg.): Geschichte Berlins. 2 Bde. München 1987.

Schadow, Johann Gottfried: Kunstwerke und Kunstansichten. Ein Quellenwerk zur Berliner Kunst- und Kulturgeschichte zwischen 1780 und 1845. Kommentierte Neuausgabe der Veröffentlichung von 1849 herausgegeben von Götz Eckardt. 3 Bde. Berlin 1987.

Karl Friedrich Schinkel 1781–1841 (Katalog). Ausstellung im Alten Museum Berlin. Berlin 1981.

Scheel, Klaus (Hrsg.): Die Befreiung Berlins 1945. Eine Dokumentation. Berlin 1985.

Schmidt, Elise: Die Quadriga auf dem Brandenburger Tor zu Berlin. Berlin 1888.

Schmitz, Hermann: Berliner Baumeister vom Ausgang des 18. Jahrhunderts. Berlin 1925.

Schubert, Otto: Gesetze der Baukunst. 2 Bde. Leipzig 1954.

Schubert, Thomas: Dokumentation der Restaurierungsarbeiten am Brandenburger Tor. Typoskript. Berlin 1990.

Siedler, Wolf Jobst: Die Tradition der Traditionslosigkeit. Notizen zur Baugeschichte Berlins. In: Preußen – Politik, Kultur, Gesellschaft. Hrsg. Manfred Schlenke. Bd. 1. S. 300–311. Hamburg 1986.

Siefart, Emil von: Aus der Geschichte des Brandenburger Tores und der Quadriga. Schriften des Vereins für die Geschichte Berlins, Heft XLV. Berlin 1912.

Sitte, Camillo: Der Städtebau nach seinen künstlerischen Grundsätzen, vermehrt um „Großstadtgrün". Wien 1909. Reprint 1983.

Speer, Albert: Erinnerungen. Frankfurt a.M./Berlin 1969.

Spiker, Samuel H.: Berlin und seine Umgebungen im neunzehnten Jahrhundert. Berlin 1833. Reprint 1968.

Springer, Robert: Berlin's Straßen, Kneipen und Clubs im Jahre 1848. Berlin 1850.

Studnitz, Hans-Georg von: Als Berlin brannte. Diarium der Jahre 1943–1945. Stuttgart 1963.

Thiede, Günter: Irren kann Lehrgeld kosten. Nachtrag zum Eisernen Kreuz. In: Visier. H. 10/1988. S. 22. Berlin 1988.

Tissot, Victor: Reportagen aus Bismarcks Reich 1874–1876. Berichte eines reisenden Franzosen. Berlin 1889.

Treue, Wilhelm: Kunstraub. Über die Schicksale von Kunstwerken in Krieg, Revolution und Frieden. Düsseldorf 1957.

Urban-Halle, Peter: Der Einsturz beim Bau der Nord-Süd-Bahn. In Katalog: Die Berliner S-Bahn. Gesellschaftsgeschichte eines industriellen Verkehrsmittels. S. 131–135. Ausstellung im Künstlerhaus Bethanien. Berlin 1984.

Velin, Regulus: Der Baumeister des Brandenburger Tores. Historiographisches über den Architekten Carl Gotthard Langhans. Berliner Forum 5/83. Berlin 1983.

Vogt, Hermann: Die Straßen-Namen Berlins. Schriften des Vereins für die Geschichte Berlins, Heft XXII. Berlin 1885.

Wallé, Peter: Die Quadriga auf dem Brandenburger Thor. Ein literarischer Beitrag zu deren Geschichte. In: Der Bär – Illustrirte Berliner Wochenschrift. S. 458/459. Berlin 1888.

Weber, Heinrich: Wegweiser durch die wichtigsten technischen Werkstätten der Residenz Berlin 1819–1820. Berlin/Leipzig 1819. Reprint 1987.

Wescher, Paul: Kunstraub unter Napoleon. Berlin 1976.

Wolff, Adolf: Berliner Revolutions-Chronik. Berlin 1851. Reprint 1979.

Zedlitz, Leopold Freiherr von: Neuestes Conversations-Handbuch für Berlin und Potsdam zum täglichen Gebrauch der Einheimischen und Fremden aller Stände. Berlin 1834. Reprint 1979.

Abbildungsnachweis

Archiv für Kunst und Geschichte, Berlin: 2, 5, 6, 8, 9, 11, 15, 17–19, 21, 23, 24, 26, 29, 31, 33–35, 38, 41–45, 48, 50–53, 55–61/Bibliothèque nationale, Paris: 20/Bildarchiv Preußischer Kulturbesitz, Berlin: U1 (Abb. 1–4), 3, 4, 7, 12–14, 16, 22, 27, 28, 32, 39/Landesbildstelle Berlin: 10, 36, 37, 40, 46, 47, 54/Kurt Kluge Archiv, Berlin: 30/Michael S. Culler, Privatbesitz: 1, 49/Ullstein Bilderdienst, Berlin: U1 (Abb. 5, 6 Günter Schneider), 62 (Herbert Schlemmer), 63 (Reimer Wulf)/R. Krihl (1906): 25.

Die Deutsche Bibliothek – CIP-Einheitsaufnahme

Das Brandenburger Tor: ein deutsches Symbol /
Michael S. Cullen/Uwe Kieling. Mit einem Vorw.
von Helmut Börsch-Supan. – Berlin : Berlin-Ed., 1999
    ISBN 3-8148-0076-1

1. Auflage/März 1999
Lektorat: Markus Sebastian Braun
Redaktion: Johannes Althoff
Umschlagkonzeption: Agentur Henke, Köln

Printed in Germany